東北大学教養教育院叢書
大学と教養 **1**

教養と学問

東北大学教養教育院＝編

東北大学出版会

Artes Liberales et Universitas

1 Liberal Arts
and Academic Research

Institute of Liberal Arts and Sciences Tohoku University

Tohoku University Press, Sendai
ISBN978-4-86163-303-4

はじめに

花輪公雄

東北大学教養教育院

東北大学教養教育院は、井上明久第 20 代総長（2006 年 11 月〜2012年 3 月）による「東北大学アクションプラン（通称井上プラン 2007）」に謳われた「大学教育の根幹となる教養教育の充実」に向けた施策の一つとして、2008 年 4 月 1 日に設置された組織である。「本学の学生に対し幅広い教養を身に付けさせるため、高等教育開発推進センターと連携して教養教育の実施及び支援を行い、もって創造力豊かで高い問題解決能力を有する指導的人材の養成に資することを目的」（東北大学教養教育院設置要項・第 3 条）として設置された。

教養教育院には、総長特命教授と特任教員(教養教育)が配置された。総長特命教授は、在職中に教育・研究において優れた業績を挙げ、教育に対して強い情熱を持っている方として、名誉教授の中から選抜された先生方である。特任教員（教養教育）は、部局に所属している先生方の中で、特に教養教育への情熱と見識とを有し全学教育の一環として教養教育に力を注いでくださる先生方である。教養教育院の先生方は、魅力溢れる多くの講義やセミナーを開講している。

2014 年 4 月、高等教育開発推進センターが他の 5 つの教育組織とともに整理統合されて高度教養教育・学生支援機構に生まれ変わり、教養教育院も同機構を構成する一組織に位置づけられた。

東北大学は、1907 年の開学以来、「研究第一」「門戸開放」「実学尊重」を理念とし、教育による人材の育成と、研究による知の創出とを両輪として、今日まで世界へ貢献すべく歩んできた。本学の教育では、世界で活躍するリーダー、すなわちグローバル人材、グローバルリーダーの育

成を目指している。グローバル人材とは、幅広い知識と深い思考の源となる教養を身に付け、世界的な課題解決に向かって挑戦する人たちを指す。そのため、他の人とのコミュニケーションを基に、社会や世界を理解し俯瞰する力、問題の所在を明らかにする力、さらに問題解決に不可欠な専門的知識を身につけるための力が必要である。これらの力を磨く根幹の教育が教養教育である。

　本学は1993年3月に教養部を廃止し、教養教育を全学教育（全学部の学生を対象とする共通基盤教育の意味）の中で行ってきた。この間、実施体制の整備とともに、少人数教育である「基礎ゼミ」や、科目の枠を超えた自然科学総合実験、その文科系バージョンの授業等、独自のカリキュラムを創出するなど、教養教育に関する多くの改革を実施してきている。このような中で、2008年4月の教養教育院の設置は、時代とともに変遷する状況に対応した教養教育に向けた改善と実施をするためのさらなる一歩と位置付けられる。

総長特命教授合同講義と教養教育特別セミナー

　総長特命教授の先生方は各人がそれぞれの授業を持つとともに、一年に2回、全員の協力の下、「総長特命教授合同講義」と「教養教育特別セミナー」という2つの"イベント"を開催している。前者は2010年から、後者は2011年からの開催である。双方とも、毎回その時々の社会環境などを反映したテーマを設定している。これまでの合同講義の総合タイトル、特別セミナーの共通テーマ、ならびに講師の先生のお名前と講演題名を、参考として末尾に記す。

　これら2つのイベントはセミナーと講義というように、厳密にはカテゴリーが異なる授業形態であるが、構成は同じようなものとなっている。まず、教員側がテーマについて考えていることを各人15分程度話題提供（講義）し、学生に問題を投げかける。そしてパネルディスカッション（討論）では、学生側が主役となり、投げかけられた問題に対して反応し、応答する。それを受け、再び教員側も反応し、応答する。この過

程を経ることで、テーマに対する理解が「深化」し「進化」する。

これらのイベントは、後に冊子体で印刷され、さらにはウェブサイトでも公表され、どなたでも読むことが出来る。ぜひ、冊子やウェブサイトで、教員と学生との真摯な姿勢での議論を追体験していただきたい。また、参加した学生が会場内で記した質問や意見と、教員側によるそれらへの回答も合わせて収録されている。学生による質問や意見は多岐にわたり、また、本質を突く鋭いものも多数あった。これらにも目を通していただければ幸いである。

東北大学教養教育院叢書について

上記2つのイベントでの先生方の論考は、それぞれ本質を突いた優れたものであることから、そのまま冊子やウェブサイトでの公表にとどまるのはもったいないと思い、書籍化の検討を提案させていただいた。幸い、総長特命教授の先生方の全面的な賛同が得られ、座小田豊先生が中心となって企画が練られることとなった。

その結果として、この「東北大学教養教育院叢書『大学と教養』」シリーズが生まれることとなった。第1巻は「教養と学問」である。第1部は教養教育の歴史や、本学における教養教育、そして現在進行中の教養教育改革が論じられる。また、第2部では、英語や政治、物理などの学問分野と教養の関係が論じられる。ぜひ、これらの論考を楽しんでいただきたい。

また、第2巻では、「震災からの問い」をテーマとする企画が立てられている。幸い、これらの企画は審査を通り、東北大学出版会が出版を引き受けて下さった。ここに刊行の運びに至ったことを皆様方に深謝する次第である。大方のご批判をお願いしたい。

〈総長特命教授合同講義（2010 年〜2016 年）〉

第 1 回（2010 年 10 月 26 日（火） 16：20〜17：50）

　総合タイトル：「食べる・科学する・行動する」人

　　講義 1　　秋葉　征夫：「食べる」人

　　講義 2　　海老澤丕道：「科学する」人

　　　　　　　　　　　　　　　—人は科学する—

　　講義 3　　海野　道郎：「行動する」人

　　　　　　　　　　　　　　　—行動のメカニズムと集積結果—

第 2 回（2010 年 12 月 21 日（火） 16：20〜17：50）

　総合タイトル：教養とは？—東北大学生に考えてほしいこと—

　　講義 1　　森田　康夫：教養教育の今昔

　　講義 2　　柳父　圀近：政治と教養

　　講義 3　　工藤　昭彦：「農経」の世界から見た教養

第 3 回（2011 年 11 月 1 日（火） 16：20〜17：50）

　総合タイトル：震災

　　講義 1　　森田　康夫：想定外の津波と福島第一原発

　　講義 2　　前　　忠彦：塩害、放射能汚染と作物

　　講義 3　　工藤　昭彦：限界領域から探る震災復興の回路

第 4 回（2012 年 10 月 30 日（火） 16：20〜18：20）

　総合タイトル：3.11 からの出発〜東北大学の教養教育が目指すもの

　　講義 1　　前　　忠彦：教養教育で培う総合力

　　講義 2　　福地　　肇：感覚としての教養

　　講義 3　　福西　　浩：異分野とのコラボレーション能力を高めよう

第 5 回（2013 年 10 月 22 日（火） 16：20〜18：30）

　総合タイトル：教養はなぜ必要か—就活に役立つ？

　　講義 1　　猪股　歳之：日本的雇用慣行と大学教育

　　　　　　　　　　　　　　　—進路選択の基礎知識—

　　講義 2　　福西　　浩：リベラルアーツで育むグローバル人材

　　講義 3　　野家　啓一：教養と就活の関係と無関係

はじめに

第6回（2014年7月15日（火）　16：20〜18：30）

　総合タイトル：環境と人間

　　講義1　　花輪　公雄：地球温暖化

　　　　　　　　　　　　　―それは人為的気候変化―

　　講義2　　吉野　　博：住いの環境と温暖化

　　講義3　　海野　道郎：環境問題の社会的ジレンマ

第7回（2015年7月28日（火）　16：20〜18：30）

　総合タイトル：愛と生命（いのち）の教養教育―恋の予感から子育てまで―

　　講義1　　田中　真美：日々精一杯

　　講義2　　羽田　貴史：学校で学ばなかったこと、

　　　　　　　　　　　　　子育てから教えられたこと

　　講義3　　山口　隆美：愛と生命

　　　　　　　　　　　　　―生物学および社会的帰結―

第8回（2016年7月14日（木）　16：20〜18：30）

　総合タイトル：大学改革と教養―人文系はいらないのか？―

　　講義1　　野家　啓一：人文系のための弁明（アポロギア）

　　講義2　　宮岡　礼子：ダイバーシティとバリアフリーを目指して

　　講義3　　山口　隆美：教養は死活的に重要である

　　　　　　　　　　　　　―シンギュラリティを超えるために―

〈教養教育特別セミナー（2011年〜2017年）〉

第1回（2011年5月9日（月）　13：00〜15：00）

　共通テーマ：教養とは？　―東北大学生として考えてほしいこと―

　　話題提供1　　森田　康夫：教養教育の歴史

　　話題提供2　　海老澤丕道：物理学と教養

　　話題提供3　　工藤　昭彦：教養の三層構造

第2回（2012年4月9日（月）　13：30〜15：30）

　共通テーマ：教養とは？―東北大学生に考えてほしいこと―

　　話題提供1　　木島　明博：東北大学の教養教育

v

話題提供 2 　浅川　照夫：教養としての英語

話題提供 3 　海老澤丕道：現代社会と教養

第 3 回（2013 年 4 月 8 日（月）　13：30〜15：30）

共通テーマ：東北大学のチャレンジ〜グローバル時代の教養教育

話題提供 1 　花輪　公雄：東北大学の全学教育とは何か

話題提供 2 　原　　信義：復興へ、英知を結集して！

話題提供 3 　森田　康夫：歴史から見た教養教育

　　　　　　　　　　　　―グローバル時代の今―

第 4 回（2014 年 4 月 7 日（月）　13：30〜15：30）

共通テーマ：東北大学のチャレンジ〜グローバル時代の教養教育改革

話題提供 1 　花輪　公雄：教養教育改革が目指すもの

話題提供 2 　西川　善久：教養教育にのぞむもの

　　　　　　　　　　　　―ジャーナリズムの現場から―

話題提供 3 　野家　啓一：教養を哲学する

第 5 回（2015 年 4 月 13 日（月）　13：30〜15：30）

共通テーマ：地殻変動期の教養・教養教育―新入生とともに考える―

話題提供 1 　安藤　　晃：生きる力を身につける

　　　　　　　　　　　　〜教養教育ってなんだろう？〜

話題提供 2 　辻　　篤子：想像する力を育む教養教育

話題提供 3 　工藤　昭彦：私が取組んだ教養教育

第 6 回（2016 年 4 月 11 日（月）　13：30〜15：30）

共通テーマ：異文化理解と教養―留学によって身につく力―

話題提供 1 　石田　壽一：オランダの環境構築術から学んだこと

話題提供 2 　小谷　元子：異分野融合への挑戦とリーダーシップ

　　　　　　　　　　　　―数学の新たな挑戦―

話題提供 3 　座小田　豊：「異なり」のなかにアイデンティティー

第 7 回（2017 年 4 月 10 日（月）　13：30〜15：30）
共通テーマ：学問にとって「役に立つ」とはいかなることか
　　　話題提供 1　　五十嵐太郎：なぜ建築には歴史学もあるのか
　　　話題提供 2　　内田麻理香：複数の「メガネ」を持つために
　　　話題提供 3　　米倉　　等：学問と社会
　　　　　　　　　　　　　　―開発経済学と地域研究の場合―

目 次

はじめに　　　　　　　　　　　　　　　　　　　　花輪　公雄　i

第一部

第一章　教養教育の歴史　　　　　　　　　　　森田　康夫

はじめに ……………………………………………………………　3

第一節　ギリシャの学園と教養教育の芽生え …………………　3

第二節　中世の大学 ………………………………………………　6

第三節　西欧社会と大学の近代化 ………………………………　9

第四節　明治から第二次世界大戦までの日本の教育…………　13

第五節　第二次世界大戦後の日本の教育………………………　15

おわりに　将来に向けて…………………………………………　26

第二章　東北大学と教養教育
　　　　　　　─東北大学における教養教育改革の取り組み─

　　　　　　　　　　　　　　　　　　　　　　　　木島　明博

はじめに …………………………………………………………　33

第一節　日本の大学教育における教養教育改革の流れ

　　　　（大学審議会、中央教育審議会答申を中心に）………　34

第二節　東北大学における教養教育改革の流れ………………　39

おわりに …………………………………………………………　45

第三章　教養教育改革が目指すもの　　　　　花輪　公雄

はじめに …………………………………………………………　47

第一節　教養教育組織の再編の議論……………………………　47

第二節　東北大学が目指す教養教育……………………………　54

第三節　教育システムや教育施設等の整備状況………………　66

おわりに　東北大学教養教育のこれから　─残された課題─…　67

第二部

第四章　教養と英語　　　　　　　　　　　　浅川　照夫

はじめに ………………………………………………………… 73

第一節　コミュニケーション能力を伸ばそう ……………… 74

第二節　英語会話は簡単なのか？ …………………………… 77

第三節　明治以来の伝統を払拭しよう ……………………… 83

第四節　グローバル化の時代を生きる ……………………… 88

おわりに　新しい教養を考える ……………………………… 91

第五章　「市民の政治」とその歴史　—政治と教養—
　　　　　　　　　　　　　　　　　　　　　　柳父　圀近

はじめに ………………………………………………………… 97

第一節　「政治」とは何か？ ………………………………… 97

第二節　古代ギリシャとローマの「政治」………………… 103

第三節　中世と近代 ………………………………………… 112

補説 1 ………………………………………………………… 119

補説 2 ………………………………………………………… 121

第六章　教養と物理　　　　　　　　　　　　海老澤　丕道

はじめに ……………………………………………………… 127

第一節　物理学を学ぶと教養が身につくのだろうか ……… 128

第二節　人にとって物理とは何だったのか ………………… 130

第三節　教養とは何か ……………………………………… 140

第四節　教養になる物理の学び方 ………………………… 142

第五節　教養のために自分を鍛える ……………………… 147

第六節　物理学を学ぶ意味は何？ ………………………… 151

おわりに ……………………………………………………… 155

【読者のためのブックガイド】……………………………… 156

第七章　教養の三層構造　　　　　　　　　　工藤　昭彦

はじめに ……………………………………………… 159

第一節　専門研究と教養 ……………………………… 159

第二節　知識力としての教養 ………………………… 161

第三節　応用力としての教養 ………………………… 163

第四節　洞察力としての教養 ………………………… 165

第五節　苦手部門を受容する社会の輪郭 …………… 170

第六節　教養の三層構造と教養教育 ………………… 173

【読者のためのブックガイド】 ……………………… 187

おわりに　極私的教養教育論　　　　　　野家　啓一　191

執筆者略歴 …………………………………………… 207

第一部

第一章　教養教育の歴史

森田　康夫

はじめに

　本稿では、世界における教養教育の歴史を紹介した後、明治以降の日本の教養教育の動きをまとめ、最後に教育に関する私の意見を書く。

第一節　ギリシャの学園と教養教育の芽生え

　教養教育は英語では **Liberal Arts** というが、Liberal Arts という言葉の歴史は古代ギリシャまで遡る。

　古代ギリシャは奴隷制社会であり、国の政治などの重要なことは自由民である市民が集まって決めていた。その様な背景の下で生まれた Liberal Arts という言葉の直訳は「自由民の技（わざ）」であり、市民が民会などに出席して議論を行い、政治を実行するために必要な能力を意味した。Liberal Arts という言葉は、ローマ時代から使われている。

　古代ギリシャはイオニア人の**アテナイ**（Ἀθῆναι）やドーリア人の**スパルタ**（Σπάρτα）など多数の**ポリス**（都市国家）からなり、ポリスにより政治体制や経済構造が異なっていたが、西洋文化に最も大きな影響を与えたのはアテナイである。

　アテナイはギリシャの首都アテネの古名であり、紀元前 2000 年頃にイオニア人が定住し、パルテノン神殿を中心として都市国家を作った。アテナイは紀元前 1200 年頃ドーリア人の侵入を受け暗黒時代を迎えたが、その後、地中海や黒海での貿易により発展し、各地に植民都市を造った。アテナイは、紀元前 5 世紀前半のペルシャとの戦争に勝利したことを契機として、ギリシャの覇権を確保したが、紀元前 5 世紀後半のペロ

第一部

ポネソス戦争でスパルタに覇権を奪われた。

　アテナイは市民と奴隷と少数の外国人からなっており、貴族（上流階級の市民）が政治を行っていたが、ペルシャ戦争において重装歩兵が大きく貢献したのを機に中下層の市民の発言力が強くなり、**民会**が設けられ、そこで政治が行われるようになった。アテナイの市民は、7歳になると学校で読み書き・数学・体育・音楽などを学習し、成人すれば戦争や民会などに参加し、平時にはアゴラ（αγορά）に集まって哲学や政治を論じたり、体育に汗を流したりした。そのため、アテナイにはギリシャ各地から学者や芸術家が集まり、文化が花開いた。

　古代ギリシャの文化では**文学・彫刻・数学・建築**などが優れていたが、その中でも後の西洋文明に大きな影響を与えたのは**哲学**である。議論と説得が重要な意味を持った民主制社会が、哲学や論証数学を発展させたという見解もある。

　西洋哲学の祖である**ソクラテス**（Σωκράτης、Socrates、紀元前460年頃–紀元前399年）は、生涯アテナイで暮らしたが、彼の弟子がアポロンの神託所で「ソクラテス以上の賢者は一人もない」と巫女から聞いたことを契機として、神託を確認するため世間で評判の賢者たちに会って問答を始めた。しかし、実際に彼らと話してみると、彼らは自ら語っていることをよく理解していないことがわかった（**対話法**）。これにより、ソクラテスが賢者であるという評判が広まる一方で、無知を指摘された人々からソクラテスは憎まれ、アテナイにおいて公開裁判にかけられた。ソクラテスの弟子のプラトンが書いた『**ソクラテスの弁明**』によると、ソクラテスは弁明を行ったが、自説を曲げたり謝罪したりせず毒殺刑を言い渡され、親しい人物と最後の問答を交わして毒ニンジンの杯をあおり、死に臨んだ。

　プラトン（Πλάτων、Platon、紀元前427年–紀元前347年）もアテナイの市民であり、若い頃はソクラテスの門人として哲学などを学びつつ政治家を志していたが、ソクラテスの死を目にして、現実政治に幻滅を覚えた。プラトンは『国家』（副題は「正義について」）など多数の著作

を書き、国制・法律などの考察は続けたものの、政治への関わりは避けるようになった。

　プラトンは、アカデメイアの地に学園**アカデメイア**（Ἀκαδημία）を設け、算術・幾何学・天文学など一定の予備的訓練をおこなってから、統治者が学ぶべき哲学を教授した。とくに彼は幾何学を重視し[2]、幾何学は感覚ではなく、思考によって知ることを訓練するために必須不可欠のものであると位置づけ、学校の門には「幾何学を知らぬ者、くぐるべからず」との額が掲げられていたという。プラトンが作ったアカデメイアは、東ローマ帝国の非キリスト教的学校の閉鎖政策により 529 年に閉鎖されるまで続いた。またアカデメイアの名にちなんで、近代ヨーロッパの国では高度な教育・研究を目指すアカデミー（academy）が作られた。

　アリストテレス（Ἀριστοτέλης、Aristoteles、紀元前 384 年–紀元前 322年）はマケドニア王国で生まれたが、17–18 歳のころアテナイに行き、プラトンの学園アカデメイアに入門し、プラトンが死ぬまでアカデメイアで学んだ。プラトンはソクラテスから引き継いだ対話法を哲学の唯一の方法論としたが、アリストテレスは経験的事象を元に演繹的に真実を導き出す分析的推論（分析論）を重視した。アリストテレスのこのような手法は三段論法などの形で**論理学**として体系化された。

　アリストテレスはマケドニア王の招聘により王子アレクサンドロス 3世（Ἀλέξανδρος Γ、Alexander III、紀元前 356 年–紀元前 323 年）の師となり、ミエザに学園を作り、弁論術・文学・科学・医学・哲学を教えた。ミエザの学園にはアレクサンドロスのほかにも貴族階級の子弟が多く学び、彼らはマケドニア王国の中核を担う存在となった。アリストテレスは王子が即位後にアテナイに戻り、アテナイ郊外に学園リュケイオン（Λύκειον）を開設した。アリストテレスはリュケイオンにおいて、教育用のテキストと専門家向けの著書を多数書いた。リュケイオンは、フランスの高等学校リセ（Lycée）やレクチャーの語源となった。

　アリストテレスは**論理学**をあらゆる学問成果を手に入れるための道具

第一部

として重視し、学問体系を「理論」・「実践」・「制作」に三分し、理論学を自然学と形而上学、実践学を政治学と倫理学、制作学を詩学などに分類した。アリストテレスは知の巨人であり、その著作は、形而上学・倫理学・論理学といった哲学関係のほか、政治学・宇宙論・天体学・自然学（物理学）・気象学・博物誌学的なもの・生物学・詩学・演劇学・心理学などが含まれており、多岐にわたる。これらのアリストテレスの学説は、東ローマ帝国とササン朝ペルシアを経てヨーロッパに再導入され、中世から近代のヨーロッパに大きな影響を与えた。

第二節　中世の大学

　生徒の学習を手助けする教員が教える学校（私塾）や、宗教を教えたり、官僚を育成したりする学校は世界各地に古くから存在したが、現在の大学の原型となる大学が成立したのは中世ヨーロッパである（詳細については［4］、［6］を参照されたい）。

　古代ローマは紀元前6世紀にイタリアの共和制の都市国家として誕生し、イタリア半島を統一した後、カルタゴとの間のポエニ戦争（紀元前264年〜紀元前146年）を経て支配地域を徐々に拡張し、西はスペインから東は中東・エジプトまでの地中海を中心とした一帯を統一した。これにより、その後西ヨーロッパ一帯が発展する基礎ができた。この間、ローマはカエサルによる終身独裁官を経て、アウグストゥス（Augustus）が紀元前27年にローマ皇帝となり、以降世襲制の帝政国家となる。
　アレクサンドロス3世（アレクサンダー大王）による東方遠征により、ギリシャ文化はオリエント文化と融合し**ヘレニズム文化**を生んだが、ギリシャは拡大するローマに吸収される。その過程で、ギリシャの芸術・数学・自然科学・哲学などの文化は、ローマの政治・経済・法律・土木などの実用的な文化で置き換えられる。また、古代ギリシャ文化を支えたギリシャ語は、ローマ帝国の共通言語である**ラテン語**で置き換えられ、ラテン語は「学問のための言葉」として最近まで西洋の大学で使われた。

第一章　教養教育の歴史

　ローマ帝国は、初めはキリスト教を迫害していたが、**キリスト教**は水面下で帝国内に浸透した。そのためローマ帝国は 313 年ミラノ勅令でキリスト教を公認し、さらに 380 年にキリスト教をローマ帝国の国教とした。このため、ゲルマン民族の大移動により西ローマ帝国が崩壊した後の西ヨーロッパでは、キリスト教が強い影響力を持ち、ローマ教皇の下にある教会と地方分権的領主が支配する**封建社会**となった。

　中世ヨーロッパの都市では、職人の親方が徒弟制度に基づき職人・徒弟を指導して労働に従事させていた。また、親方が作った**ギルド**（組合）が、製品の品質・規格・価格などを統制し、品質の維持を図り、販売・営業・雇用および職業教育を独占的に行っていた。

　大学を意味する University は、「目的をもった共同体」という意味を持つラテン語 "universitas" を起源とし、学生のギルドから始まる。大学の校則は学生のギルドにより、教師達が守るべき「学生ギルドに無断で授業を休まない」、「学生ギルドに無断で都市からでない」などといった規則として作られた。その後教師のギルドも作られ、大学は学生と教師の連合体を意味するようになる。

　中世の大学の中でも典型的なものとしては、1088 年に成立したイタリアの**ボローニャ大学**（Università di Bologna）と、12 世紀前半に成立したフランスの**パリ大学**（Université de Paris）がある。

　中世都市国家ボローニャでは多くの法学者が私塾を開いており、ボローニャは法律を教える学校のある都市として有名であった。ここに各国から集まってきた学生たちが、市民や市当局から自分たちの権利を守るために作ったギルドがボローニャ大学の起源であり、1158 年神聖ローマ皇帝から特許状を得るなど、学生と大学はその権利が認められていた。ボローニャ大学では、**法学（ローマ法）**が主たる専門科目であり、学生のギルドが教師を雇い給与を払っていた。

　これに対し、パリにはノートルダム寺院などの教会や修道院に付属した学校が多数あり、これらの学校で神学者などが講義を行っていた。こ

7

れらの学校の教師が権力者の介入に対抗して結集したのがパリ大学の始まりで、1150年-1170年の間に成立し、1200年フランス国王から特許状を与えられ、1215年ローマ教皇により大学として認められた。パリ大学には神学部・法学部・医学部・学芸学部があったが、**神学**が主たる専門科目であり、教師には教会から給与が支払われていた。

オックスフォードでは1096年には講義が行われていたが、1167年国王によりイギリスの学生がパリ大学で学ぶことを禁じられたことをきっかけに、学者がオックスフォードに集まり、パリから移住してきた学生によって**オックスフォード大学**（University of Oxford）が作られた。

初期の大学では、教師と学生が集団で他の都市に移住することがあり、1209年オックスフォード大学からケンブリッジ大学が、1230年パリ大学からオルレアン大学（正式な設立は1309年）が、1222年ボローニャ大学からパドヴァ大学が生まれた。さらにローマ教皇によりトゥールーズ大学（1229年）が、スペイン王によりサラマンカ大学（1218年）が、シチリア王によりナポリ大学（1224年）が創設された。14世紀に入ると、神聖ローマ帝国の領主によってプラハ大学（1348年）、ウィーン大学（1365年）、ハイデルベルク大学（1386年）が創設された。この様にして、大学の数は時を経るにしたがって増加し、15世紀末には70校～80校になっていた。西欧以外の米国でも植民地時代の1636年にハーバード大学が誕生した。

中世の大学では、**神学・法学・医学・哲学**などを教えており、学生は聖職者・法律家・医者・教師などの職に就くことを目的としていた。しかし時代を経るにしたがって、大学の主たる目的は官僚の育成へと変化していった。

大学はギリシャ・ローマの伝統を参考にして、専門科目である神学・法学・医学を学ぶための基礎として、先ず言語に関する**文法・論理・修辞**の**3学**と数学に関する**算術・幾何・天文・音楽**の**4科**からなる**リベラル・アーツ（自由七科）**とその上位にある**哲学**を**学芸学部**（faculty of the arts）で学ぶことになっていた。このうち、言語に関する3学はギリシャ

の民会での議論と説得の重要性に由来し、文法はラテン語の文法を意味し、関連して文学も教えられた。また数学に関する 4 科は、数学はギリシャでは今より広い範囲の学問を指し、天文や音楽も含まれていたことに由来する。

中世の大学ではカリキュラムの標準化が進み、どの大学でもほぼ同じ教育が行われていた。ほとんどの大学で同様の教育が行われていたので、学生は必要なら他の大学に移ることもできた。14、5 歳で大学に入学した学生は、6 年間学芸学部で学び学士号（Bachelor）と修士号（Master）を得た。修士号を得た学生は、自由学芸（Liberal Arts）を教えることが出来たが、博士号（Doctor）取得を望む場合には、**法学部・医学部・神学部**のいずれかの専門学部に進学してさらに学び、専門学部の博士号を得ることで専門家としての資格を得た。

カリキュラムや教え方が標準化されていたので、教師は知識人として、複数の大学で教えたり、大学を変わったりすることもできた。大学の教師は教育により収入が得られるので、大学は神学・法学・医学・哲学などの学者の生活拠点となった。しかし、数学や自然科学の研究の多くは、17 世紀ごろまで大学の外で他の職を持つ人の趣味として研究されていた[3]。

第三節　西欧社会と大学の近代化

西欧では、東方貿易により富を蓄えたブルジョアジーの出現により、教会の社会への影響力は低下し、真理を求めて自由な思考が行われるようになる。また、アラビアからギリシャ・ローマの文化が逆輸入され、ギリシャ・ローマの文化の復活を求める**ルネッサンス**が生まれた。その様な風潮の下、スコラ哲学による事実を無視した教義から解き離れて、真理の追及が行われるようになってゆく。その象徴的な人物がガリレオ・ガリレイ（Galileo Galilei、1564 年-1642 年）である。

ガリレオ・ガリレイは望遠鏡を使って月や木星などを観測したほか、振り子の等時性や、物の落下速度が質量によらないことを実験で確かめ

第一部

るなど、**実証的科学研究**を始めた。しかし、天体を観測することにより、キリスト教の唱える天動説に致命的な打撃を与え、宗教裁判にかけられた。古代ギリシャ以降長い停滞期に入っていた数学研究も、インド・アラビアでの代数学の研究を経てヨーロッパに再輸入され、イタリアで代数学が研究された。その結果、ルネ・デカルト（Rene Descartes、1596年-1650年）により現在のものとほぼ同じ文字式の理論[4]が完成した。文字式の完成を受け、文字式を使って解析幾何学[5]が建設され、私たちの住む世界に座標を入れることが可能となった。これらを受けて、アイザック・ニュートン（Sir Isaac Newton、1642年-1727年）は文字式の理論を使って微分積分学を建設し[6]、解析幾何学を使って微分積分学を力学の研究に応用した。ニュートンが始めた自然界における問題を数学を使って研究する方法は大成功し、18世紀には自然科学が急速に発展し、産業革命をもたらす。しかし、大学は18世紀末まで中世以来の伝統的な神学・法学・医学・学芸の教育を続けており、自然科学の進歩と社会の近代化を取り込むことができず、停滞に陥った。

　宗教面では、16世紀に教皇位の世俗化と聖職者の堕落などへの信徒の不満により、ローマ・カトリックからプロテスタントが生まれた（**宗教革命**）。宗教革命は神学に影響を及ぼすが、その他にも、ルター派の諸国では義務教育に力を入れるようになり、公教育が充実してゆく。また、産業革命の結果、若年労働の弊害が問題となるとともに、労働力の質の高さが必要となり、欧米の国では19世紀に若年労働を禁止し、**義務教育**を導入した[7]。

　中世の大学では、文字が読め、計算ができるなどの大学入学前教育は家庭教育や私的な学校での教育に任されていたが、社会の近代化に伴い、大学入学前教育は国や教会がおこなう公的教育で置き換えられて行く。18世紀後半から西欧の各国では、ドイツやオーストリアのギムナジウム（Gymnasium）やフランスのリセ（Lycée）[8]、英国のパブリックスクール（public school）[9]など、大学進学を前提とした中等教育をおこなう学

第一章　教養教育の歴史

校が普及していった。

　大学教育の停滞を変えるきっかけとなったのは、絶対王政やフランス革命などの政治の近代化と、産業革命による経済の近代化である。

　西欧の国では 16 世紀から 17 世紀に王権が強くなったが、強大になったヨーロッパの絶対君主が行ったことの一つとして、**科学研究の保護**がある。フランス科学アカデミーがルイ 14 世（Louis XIV、1638 年-1715年）により 1666 年に設置され、イギリス王立協会が 1662 年に設置された。ロシア科学アカデミーはピョートル 1 世（Pyotr I Alekseevich, 1672年-1725 年）により 1725 年に設置され、エカテリーナ 2 世（Yekaterina II Alekseyevna、1729 年-1796 年）により振興され、ベルリン科学アカデミーは 1740 年にフリードリッヒ 2 世　（Friedrich II, 1712 年-1786 年）により再興された。

　アカデミーはニュートンやレオンハルト・オイラー（Leonhard Euler、1707 年-1783 年）などの優秀な学者を雇い、研究成果を発表する手段として雑誌を発行した。これにより、アカデミーは科学研究の拠点となり、科学研究をおこなうことが職業として成り立つようになった。

　社会の近代化についてゆくことができずに停滞に陥っていた大学の近代化に大きな役割を果たしたのは、プロイセンの博物学者であり政治家であったフリードリヒ・ハインリヒ・アレクサンダー・フォン・**フンボルト**（Friedrich Wilhelm Heinrich Alexander von Humboldt、1769 年-1859年）である（[5] 参照）。フンボルトが 1810 年に作った**ベルリン大学**では、「学問の自由」の標語の下に、研究者と学生が真理と知識の獲得を目的として、すべて理論的な学問の研究を教員が指導するというモデルを採用した。これにより、大学では講義のみではなく、セミナーや実験室での指導が始まった。

　ベルリン大学の**研究と教育の一体化**を図るという理念は、以降各国の大学のモデルとなり、各地の大学に広がってゆく。また、ベルリン大学

11

第一部

は新たな学問にも積極的に取り組み、歴史学・社会学・教育学・心理学・民俗学などの学問分野が生まれ、数学・物理学・化学など既存の学問分野も急速な発展を遂げた。これにより、今日の大学の理論的な諸学問が大学で教えられることとなった。しかし、経営学や工学などの実用的な学問が西欧の大学で教えられるのは、19世紀後半以降になる。

　ヨーロッパ大陸の大学では、現在も中世以来の伝統が残っており、人材育成における大学の重要性が認められている。そのため、ドイツ・フランスなどヨーロッパ大陸の大学は殆どが国公立であり、授業料は無料か、もしくは極めて安い。英国でもほとんどが国立大学であるが、授業料はやや高い。また、英国のケンブリッジ・オックスフォードなどでは学寮が重要な地位を占めており、学生の人格形成に重要な役割を果たしている。

　米国の大学はオックスフォードなどの英国の大学を参考にして作られたが、19世紀半ばまでは裕福な家庭の子弟を一人前の紳士として育てるための教育を行っており、現在でもその様な大学が多くある。しかし、1876年に設置された**ジョンズ・ホプキンス大学**は世界初の研究大学院大学であり、従来の学部のほかに**大学院**を作り、より高度な研究型教育を始めた。これにより、ジョンズ・ホプキンス大学の大学院を修了した学生の多くが米国各地の大学教員となり、米国では学部の上に大学院を置き、大学院で研究をおこなうというスタイルが定着してゆく（[5] 参照）。しかし、米国でも工学や経営学のような実用的な学問が大学で教えられるのは理論的な学問よりやや遅れ、ハーバード大学の経営学大学院は1908年に作られ、ジョンズ・ホプキンス大学の工学部は1913年に作られた。

　現在米国では、伝統的な全寮制で少人数の Liberal Arts 教育をおこなう私立大学（Liberal Arts college）、Liberal Arts college から発展したハーバード大学の様な総合大学、カリフォルニア州立大学のような州立総合大学の他、州民であれば誰でもが入学できる2年制のコミュニティ・カレッジなどがある。米国では私立大学の授業料はかなり高く、州立大学

でも州外民の場合は安くない。

第四節　明治から第二次世界大戦までの日本の教育

　江戸幕府の鎖国政策により、17世紀後半から19世紀前半まで日本では平和が続いた。しかし西欧ではその間に教育制度が整い、科学が発展し、19世紀には西欧と東洋の諸国の間に大きな国力の違いが生まれた。そのような世界情勢を背景にして、19世紀初めには日本にも西欧諸国の外圧がかかるようになる。そのため日本国内で欧米の文化を取り入れようとする動きが生まれ、緒方洪庵の適塾など洋学塾が東京・大阪・長崎などで生まれ、江戸幕府は蛮書和解御用（後の開成所）などを作った。

　幕末には尊皇攘夷の動きが強かったが、明治時代になると儒学者と国学者が争いはじめた。そのため富国強兵を目指し近代国家建設を急ぐ明治政府内では洋学派が優勢となり、政府は西欧文明の導入に取り組むことになる（詳細は［5］の第3章参照）。

　明治政府は1871年**文部省**を作り、1872年近代的学校制度を定める**学制**を公布し、小学校・中学校・大学校などを設置することにした。日本では「読み書き算盤」の言葉で代表されるように町民の間でも寺子屋などで学習する習慣があったが、それが助けとなり、学制施行後小学校に行く人が急速に増え、1875年には男子の就学率が50％を超え、1886年には尋常小学校が義務教育となった。明治政府は短期間に日本の近代化に成功したが、その背景には学問を大切にする日本人の伝統があった。

　明治政府は1868年医学校や開成学校を作り、外国人を雇い英語・フランス語・ドイツ語などの授業を行わせ、成績が優秀な者をイギリス・フランス・ドイツなどに留学させ、帰国後に教員として教えさせた。また、1871年には工部省が工学寮を作り工学の導入を始めるなど、明治政府は工学や農学などの実用的学問の教育を欧米の大学とほぼ同時期に始めた。

　医学校・開成学校などは東京大学（1877年）を経て帝国大学（1886年）となったが、京都にも帝国大学ができた（1897年）ことを受け東

第一部

京帝国大学となり、それ以降東北（1907 年）・九州（1911 年）・北海道（1918 年）・ソウル（1924 年）・台北（1928 年）・大阪（1931 年）・名古屋（1939 年）に帝国大学が作られた。

　これに対して、福沢諭吉が蘭学塾を開き（1858 年）、蘭学塾を「慶應義塾」と命名し（1868 年）、近代私学である慶應義塾大学が発足するなど、幾つかの私立大学も作られた。しかしこれら私立大学が大学として認可されたのは 1919 年に施行された大学令によってであり、1920 年に慶應義塾大学・早稲田大学・日本大学・法政大学・明治大学・中央大学・國學院大學・同志社大学が大学となり、その他、京都府立医科大学・東京商科大学・県立愛知医科大学などが同年末までに大学となった。

　日本の教養教育に関しては、旧制高等学校について語ることが欠かせない。旧制高等学校は 1894 年の高等学校令にもとづいて設置された高等教育機関で、典型的な第一高等学校では全寮制の大学予科として大学での学習に必要な科目を 3 年間にわたり教えていた。また、旧制高等学校を卒業した人は帝国大学に進学できることがほぼ保証されており、旧制高校に入学した段階で社会的にエリートとしてみなされた[10]。そのため、友人たちと密な関係を持って過ごすこの 3 年間が、旧制高校の学生の人間形成に大きな役割を果たした（[7] の第 2 章、[5] の第 3 章参照）。

　旧制高校は文科と理科に分かれ第一外国語によりクラス分けされ、文科では修身・国語および漢文・第一外国語・第二外国語・歴史・地理・数学・自然科学・体操・心理および論理・法制および経済・哲学概説などを教え、理科では修身・国語および漢文・第一外国語・第二外国語・数学・動物および植物・鉱物および地質・法制および経済・図画・体操・物理（実験あり）・化学（実験あり）・心理などを教えた。これを現在の大学の教養教育カリキュラムと比べると、広い範囲の学問が教えられており、広い教養が身についただろうと思われる。

　明治政府が富国強兵を目指し国の近代化と人材育成に努めた成果は、

日清戦争（1894 年 7 月 25 日–1895 年 11 月 30 日）と日露戦争（1904 年
2 月 8 日–1905 年 9 月 5 日）における勝利という形で実を結んだ。しか
しこの両戦争における勝利に関しては、（1）清朝と帝政ロシアが共に混
乱期にあったことと、（2）日清戦争では英国とイタリアが、日露戦争で
は米国が仲介して講和交渉が行われ、どちらの戦争も消耗戦に至ること
なく講和交渉が行われたことが見過ごせない。

　日清・日露の両戦争で勝利した日本は世界の強国となり、東アジアに
おいて**大東亜共栄圏**の構想を掲げ中国や東南アジアなどに進出し、欧米
の列国と利害が衝突する。そのため日本は日独伊 3 国同盟を結び、1941
年 12 月 7 日真珠湾を奇襲し、東南アジアから太平洋西部で軍事的に有
利な情勢を作った。しかし今度は日本と米国の間を仲介できる国はなく、
日米の間の戦争は 4 年に及ぶ消耗戦に陥り、日本は経済力と科学技術力
で勝る米国に西部太平洋の支配権を奪われ、敗戦に至った。

第五節　第二次世界大戦後の日本の教育

　1945 年 8 月 15 日、日本は無条件降伏し、それ以降 1952 年に平和条
約が締結されるまでの間日本の政治は連合国軍監督下で行われた。戦争
犯罪人の裁判・日本軍の解体などの他、連合国軍は「婦人参政権」「労
働組合法の制定」「教育制度改革」「圧政的な法制度の撤廃」「経済の民
主化」の 5 大改革指令を発し、日本政府に実行させた。その結果、婦人
参政権が直後の衆議院選挙から実施され、労働組合が解禁され、都道府
県知事は選挙によって選出されるようになり、三井・三菱・住友・安田
の四大財閥は解体された。

　教育制度改革（学制改革）に関しては、1947 年に教育基本法・学校
教育法が施行され、小学校 6 年・中学校 3 年・高等学校 3 年・大学 4 年
の**6・3・3・4 制**が敷かれ、小学校と中学校が**義務教育**となり、**男女共
学**が原則となった。

　高等教育機関については、旧制高等学校を廃止したうえで、旧制の大
学・大学予科・高等学校・専門学校・高等師範学校・女子高等師範学

第一部

校・師範学校・青年師範学校などを 4 年制の**新制大学**とすることになり、4 年制の大学となることが難しい学校は短期大学となった。大学の理念については、学校教育法 83 条で「大学は、学術の中心として、広く知識を授けるとともに、深く専門の学芸を教授研究し、知的・道徳的および応用的能力を展開させることを目的とする」とされ、エリート教育を行っていた旧制高等学校・帝国大学から、万人のための大学となった（新制大学への移行の詳細は［5］の第 4 章参照）。

　文部科学省学制百年史（［9］）によると「我が国の大学における教養教育は、戦後、米国の大学のリベラルアーツ教育をモデルに**一般教育**として始まった（米国の General Education に関しては、［8］も参照されたい）。新制大学は、一般的、人間的教養の基盤の上に、学問研究と職業人養成を一体化しようとする理念を掲げており、このため、一般教育を重視して、人文・社会・自然の諸科学にわたり豊かな教養と広い識見を備えた人材を育成することが目指されたものである」とあり、教養教育が旧制高校の「エリートとしての教養」から、「豊かな教養と広い識見を備えた人材の育成」（**大衆教育**）へと変わった。

　大学教育がエリート教育から大衆教育に変わったことにより、エリートの特権であった大学教育が日本人全員の権利となり、**大学進学率が急上昇**を始める。1955 年に 7.9% だった大学進学率が 1970 年には 27.2% となり、その後停滞をするが、1995 年頃から再上昇を始め、2010 年で50.9% となっている[11][12]。この大学大衆化の動きの中で主な役割を果たしたのは私立大学であり、2010 年時点で大学の 76.7% が私立大学であり、学生の 74.3% が私立大学生である[13]。（大学の大衆化の影響については、［7］も参照されたい。）

　終戦直後は 700 万人にも及ぶ引き揚げもあり、都市の焼け跡には闇市が立ち並んだ。しかし、1950 年に勃発した朝鮮戦争による特需[14]により、日本は経済復興への糸口を掴んだ。1953 年朝鮮戦争は休戦となったが、その後も米国・西欧諸国・日本など西側の国とソビエト連邦・中華人民共和国など東側の国の間で冷戦が続き、東アジアではベトナム戦争が

あった。しかし不戦を掲げる日本国憲法により、日本は戦争に巻き込まれずに済みながら、戦争による特需の好影響を受けるという幸運に巡り会った。そのため、1955年から1973年までの18年間にわたり日本は年平均10％以上の経済成長を達成し、日本の経済は欧米並みの近代化に成功した（**高度経済成長**）。その後、為替の変動相場制への移行（ニクソン・ショック[15]、1971年）や2度の**オイル・ショック**（1973年・1979年）などにより日本の経済成長は鈍化したが、年平均4％強の安定成長を続け、1980年代には「Japan as No.1」という本[16]が書かれたこともあった。

　高度経済成長期には大量の労働者が必要となったが、その需要に応えるため農村部から都市部へ職を求めて多くの若者が都市部に流入し、若者は「金の卵」と呼ばれた。高等学校・大学の進学率の急上昇はこのような中で起こり、経済成長により必要となる人材の供給という点で、日本の政府や経済界の求めをみたすものであった。

　大学と大学生の数の急増を見込み、文部省は1956年学校教育法に基づき**大学設置基準**を作った。これは大学を設置するために最低限必要な基準を定めた文部省令であり、教員の資格・収容定員・教育課程・卒業の要件・校地や校舎などの施設および設備・事務組織などが詳細に決められており、この省令に基づき大学の新設や改組は文部省の大学設置・学校法人審議会（**設置審**）で審議された[17]。

　大学設置基準では、「教育課程の編成に当つては、大学は、学部などの専攻に係る専門の学芸を教授するとともに、幅広く深い教養及び総合的な判断力を培い、豊かな人間性を涵養するよう適切に配慮しなければならない」とされ、各大学で**一般教育**（教養教育）をおこなうことが義務づけられていた。

　しかし教養教育実施に関してはいくつかの問題が生じた。その最大のものは一般教育の理念が大学と教員に十分には理解されなかったことであり、専門学部との連携協力も不十分であり、実際の授業は一般教育の理念・目標とは乖離したものになっていた。また学生の側でも一般教育

第一部

が高等学校教育の焼き直しに映るため、大半の学生は専門教育に比べ手抜きしながら一般教育を履修した。

　第二次世界大戦後、日本人は戦前の日本の在り方を深く反省し、すべての国民が平等な国家の建設を目指した。ここで出てくる「平等」という言葉は、欧米の国では誰でもがチャレンジすることができるという「機会の平等」を意味する。しかし戦後の日本では、誰もが重要な仕事につけ、誰もが同じような収入を得ることができるという「**結果における平等**[18]」を意味した。そのため戦後の日本では、個人の能力を評価することは「差別」とみなされ、非難された[19]。しかし、実際の社会では指導的立場に立つ人が必要であるので、誰でもが受験できる入学試験で「どの大学に受かったか」が例外とされ、大企業や公務員の人事は**大学入学歴と年功**[20]に基づき行われた。そのため、一流大学の卒業者は30歳で係長、40歳で課長となることが普通となり、必死に勉強して一流大学に入学できれば（**受験戦争**での勝利）、一流企業に入社でき、企業で重要な仕事をすることができ、幸せな人生が送れることが見込めた（**学歴・年功社会、大学神話**）。このような年齢重視の傾向は、「男性が正社員として働き女性は家庭を守る」という**男女の役割分担意識**[21]と共に、今も日本社会にある程度残っており、日本の指導的立場の人は男性が女性より圧倒的に多く、欧米より高齢となっている。その結果、既得権を持つ人が社会を動かしているので、日本では既得権を見直すことが難しい。

　高度成長期には、日本人は「自分たちは応用が得意だから、基礎研究は欧米の国に任せ、自分たちは応用に集中する」と言って、欧米の基本特許を使って応用特許を取り、欧米の製品を改良した製品を大量に作って世界に輸出していた。欧米の国は日本のこのような考えに疑問を感じながらも、日本が西側の一員であったため、日本の過度な輸出を抑えるための変動相場制度への移行などはあったものの、日本の態度をほぼ容認した。このため日本の大企業は経済的に余裕があり、新入社員を社内で2、3年間かけ教育し、企業の実務に適応させていた。そういう社会

的背景もあり、企業のリクルーターは「自分たちは、才能があり、妙な色に染まっていない学生が欲しい」[22] と大学の就職担当者に説明し、企業は大学教育に多くを望むことはなかった。そのため、大学の授業は教員個人に任せきりになっており、大学教員の採用や昇進人事は研究業績のみで行われ、教育業績は無視されていた[23]。

1980 年頃まではこのような傾向が続いたため、大学入学歴と年齢に基づく人事管理を行う日本型社会は、世界でも類まれな素晴らしい社会として "Japan as No.1" などと言われた。しかしその反面で、(1) 会社員は所属する企業のために自分を捧げ、長時間労働に耐える；(2) 家庭を顧みる余裕がない夫を支えるため、女性は主婦として家事に専念する；(3) 若者は全力を尽くして受験勉強をおこなうが、入学試験で疲れた心身を癒すため、大学では手抜きして学習する、などという現在問題となっていることが行われていた。

このような日本社会の傾向を背景として、日本は小学校・中学校の国際調査では好成績を取っていたが、大学の教養教育や文系学部の専門教育では、大教室でおざなりな教育が行われていた。また、(現在財務省となっている当時の) 大蔵省は、「大学教育は卒業後の収入を増やすので、大学教育の費用は受益者負担の原則に基づき学生の父兄が負担すべきである」[24] と主張し、現在でも、日本の高等教育への政府支援は世界で最低に近い水準となっている。

日本にとって転機となったのは、1990 年代初めに起きたバブル景気の崩壊である。

1970 年代より米国は日本の貿易黒字を問題にしていたが、1985 年国際収支の大幅な赤字に悩む米国の働きかけにより、米国・英国・フランス・ドイツ・日本の蔵相・中央銀行総裁会議は「ドル高是正のために協調介入する」との共同声明を発表した（**プラザ合意**）。これにより円高が進行し、1 ドル 240 円前後だった為替相場が 1 年後には 1 ドル 150 円台まで急騰した。そこで、円高による日本経済への影響を和らげるため、

第一部

日本政府は公共投資を拡大し、日銀は長期にわたって金融緩和を続けた。このため日本経済は長期の景気拡大を続けたが、過剰なマネーによる株式や土地などへの投機が生じ、激しい資産インフレが発生した。しかし日本政府は「内需拡大をし、貿易黒字を減らす」という国際公約のため早期に金融引き締めをおこなうことができず、日本全体の土地価格の総額が1990年末時点で1985年末の2.4倍となり、1万円位であった日経平均株価が4万円近くになった（**バブル景気**）。土地価格の高騰などのインフレの弊害は目に余るものとなったため、1990年日本政府は不動産向け融資の総量規制を行い、厳しい金融引き締めに転じた。その結果、1991年バブル景気は減速を始め、地価は低下を始めた。

　戦後一貫して日本の金融機関は、企業の将来性などを審査せず、土地を担保として企業や個人に融資していた。またバブル景気が崩壊するまでは、大多数の日本人は土地の価格は必ず値上がりすると考えていた（**土地神話**）。そのため、バブル景気により地価が上がると、担保とした土地の持ち主への融資をさらに増やすことになり、土地投機をする企業や個人への融資額がさらに膨らんだ。しかしバブル景気が崩壊して土地価格が急落すると、土地を担保とした融資は不良債権となり、日本の多くの金融機関が大量の不良債権を抱えることになった。そのため自己資本が足りなくなった金融機関は、新規融資を行わない「貸し渋り」や、すでに融資している資金を無理に回収する「貸し剥がし」に走り、日本は深刻な経済不況に陥った。また、不況により苦しくなった企業は不採算部門のリストラ[25]を行い、賃金の高い中高年の従業員を整理解雇し[26]、新卒採用者の数を減らし、非正規雇用で働く従業員を増やした[27]。このため、「就職氷河期」とよぶ事態が生じ、フリーター[28]やニート[29]が大量に発生し、「入学試験に合格して大学に入学できれば、豊かな一生を過ごせる」という**大学神話**が崩壊した。また、日本企業は以前のような充実した研修をおこなうことができなくなり、即戦力となる人材を求める様になった。

　バブル景気の崩壊は日本の経済と社会に深刻な爪痕を残したが、政府

第一章　教養教育の歴史

や経済界は経済や社会の構造を改革する本格的な対策を取らず、財政出動や金融緩和などの小手先の対策に終始し、問題を先送りした。このような状態が 20 年以上に亘って続いているため、日本の不況は長引き、現在では国内総生産（Gross Domestic Product、**GDP**）の 2 倍以上の大量の財政赤字が累積する[30]苦しい状況となっている（**失われた 20 年**[31]）。

バブル景気の時期は、団塊の世代の子供である団塊ジュニアが大学に進学する時期でもあり、受験競争は厳しく若者は良く勉強した。しかしその後 18 歳人口が急減を始め、受験競争は緩和した。しかし 18 歳人口が減っても大学の定員は維持されたことで、1995 年頃から一部の私立大学で学生定員充足が深刻な問題となり始めた（私立大学の経営の現状については［13］参照）。そのため一部の私立大学では推薦入試や AO 入試などの手段で学力を無視して入学者を集める事態が生じており、大学入試のための学習により保証されていた大学生の学力が崩れた[32]（［7］、第 5 章、第 6 章参照）。

大学の数が増えて多様化したことを踏まえ、1991 年文部省は**大学設置基準の大綱化**を行い、授業科目区分や卒業要件単位数などの取り扱いを弾力化し、各大学の自主的な取り組みにゆだねることにした。これに対し、各大学では専門教育の充実を目指し、ほとんどの大学で**一般教育を廃止**し、教養教育をおこなう教員の所属を専門教育をおこなう学部に移した（大学設置基準大綱化の教養教育への影響とその後の教育界の動きについては、［8］が詳しい）。

2001 年（平成 13 年）の中央省庁再編に伴い、文部省は科学技術庁と統合し**文部科学省**となったが、文部科学省は設置基準の大綱化を補うため、**大学改革**のために積極的に動き始める。

文部科学省は、先ず、米国で標準的となっているシラバス[33]の公表、学生による授業評価[34]、学生の成績の重み付き平均 GPA（Grade Point Average）の採用、教員の授業能力を高めるためのファカルティ・ディベロプメント（Faculty Development、FD）の導入などを行う様に大学へ

21

第一部

の指導を始めた。これにより、日本の大学教育の質が以前に比べ向上を始めた。また、大学自身がおこなう自己点検評価が始まり、文部科学省の認証を得た評価機関による**認証評価**が2004年に制度化され、日本の大学の研究・教育の質が確認されることになった[35]（認証評価については、[7]の第7章も参照されたい）。

　大学院重点化は大学院教育を充実させるため、大学の主体を学部教育から大学院教育に移すものであるが、文部省は1991年東京大学法学部政治学科の大学院重点化を認めた。大学院重点化をすると文部省から与えられる予算が増えるため、インフレ下で予算が増えないことに苦しんでいた旧帝国大学は次々に大学院重点化し、2000年までには旧帝国大学の重点化が完成した。これ以降は予算の優遇処置がなくなったが、「大学院教員」という地位を求め、国公立大学の大学院重点化が続いた。大学院重点化により国公立大学の大学院定員が大幅に増えたが、日本社会では博士号取得者を有効に使う体制が整っていないため、大学院の定員充足が難しくなるとともに、大量に生まれる若手研究者の就職問題が深刻化した[36]（大学院問題については、[7]の第8章も参照されたい）。

　1999年小渕内閣は公務員定員の25%純減を公約したが、その手段として**国立大学の法人化**が浮上した。それまで国立大学は文部省の出先機関であり、自己決定権を持たなかったが、1990年後半に始められた**独立行政法人**[37]の枠組みを当てはめ、国立大学を国から切り離し、国立大学法人にして自己決定権を与えるというのが国立大学の法人化である。国立大学は議論の末に法人化を受け入れたが、財務省は「自己決定権を持つなら効率化できるはずだ」と主張し、国から与えられる運営費交付金は、毎年前年より1%削減されることとなった（**効率化係数**）[38]。

　効率係数により運営費交付金から削減されたお金は、**競争的資金**として大学や研究者に還元されているが、競争的資金は大きな大学に集中しやすく、「小さな大学では研究費がなく干上がりかけているが、大きな大学では獲得した競争的資金が余っている」という事態が生じている様に見える。

第一章　教養教育の歴史

　最低限の研究費がないと、研究は致命的打撃を受ける。しかし、分野にもよるが[39]、優秀な研究者の研究費を必要以上に増やしても成果が上がるわけではない。基礎研究は将来役に立つかどうか見極めにくいということを考えると、競争的資金を増やすより、最低限の研究費を大多数の研究者に行き渡るようにした方が、研究成果が上がるものと思われる。

　入学試験の緩和により偏差値中位の若者の学力が低下し始めたことに気づいた文部科学省は、中央教育審議会で大学教育について審議を行い、2008 年「学士課程教育の構築に向けて」（[10]）を公表した。「学士課程教育の構築に向けて」の内容は多岐にわたるが、とくに、大学を卒業した学士が持つべき共通した力（**学士力**）は次のようなものであるとした：

1　専攻する特定の学問分野における基本的な知識を体系的に理解する**知識・理解**；

2　知的活動・職業生活・社会生活で必要なコミュニケーションスキル・数量的スキル・情報リテラシー・論理的思考力・問題解決力などの**汎用的技能**；

3　自己管理力・チームワーク・リーダーシップ・倫理観・市民としての社会的責任・生涯学習力などの**態度・志向性**；

4　課題を解決する能力である**統合的な学習経験と創造的思考力**。

　大学を卒業して社会で指導的な働きをする人にとって、学士力が必要なことは明らかであるが、この 4 つの力のうち少なくとも 2 と 3 は教養教育で培われるべき力であり、学士力が必要であることを認めることは、教養教育の再評価につながる。

　大学教育の本体は専門教育であるため、文部科学省は 2008 年 5 月様々な学問分野の専門家が所属する日本学術会議に「**大学教育の分野別質保証の在り方**」の検討を依頼した。日本学術会議は大学教育の分野別質保証の在り方検討委員会において英国の制度を参考にして審議を行い、2010 年 7 月「回答　大学教育の分野別質保証の在り方について」（[14]）

23

第一部

を文部科学省に手交し、その後大学が新しくカリキュラムなどを作るときに参照すべき基準（**参照基準**）を研究分野ごとに作ることにした。

　学術会議は教養教育については教養教育・共通教育検討分科会で検討を行ったが、分科会は学生の質が低下した大学が多数あることを指摘して、「実際の学士課程教育の学習目標が、学士力ですべて言い尽くされるものでない」、「教養教育と専門教育との関わりをどのようなものにするのかは、各大学の最大限の自主性・自律性に委ねられるべきである」、「豊かな人生へのパスポートとしての教養概念の失効」などと主張し、中央教育審議会とは異なる意見を述べた（[14]、pp.26-27 参照）。

　私は大学教育の分野別質保証の在り方検討委員会と教養教育・共通教育検討分科会の委員を務めていたが、決まったものより厳しい質保証の制度を作ることを主張したが、認められなかった。教養教育については、私は少なくとも科学技術などの学習も書き込むことを主張したが、語学以外の学習は報告書に書かれなかった。しかし、「学士」は世界共通の資格であり、自分たちの大学の理念に従って好きなように学士を作って良いという考えはおかしいと思う。

　学士力をどう考え、どのような教養教育をおこなうかは各大学に任されているが、旧帝大などの入学するために必要な偏差値が高い大学では教養教育の重要性を認めて、教養教育を重視した教育を行っている大学が多い。これに対し、偏差値が低く誰でもが入学できる大学では、教養教育は英語教育に限り、高等学校で習ったことの復習や、**キャリア教育**[40]や就職の指導を行っている大学が多い様である。

　2006 年教育基本法が改正され、**教育振興基本計画**を作ることが定められた。そのため、現在までに第一期（2008 年-2012 年）と第二期（2013年-2017 年）の教育振興基本計画が作られたが、第二期教育振興基本計画では、（1）少子化・高齢化の進展；（2）グローバル化の進展；（3）雇用環境の変容；（4）地域社会、家族の変容；（5）格差の再生産・固定化；（6）地球規模の課題への対応などを挙げ、(i) 社会を生き抜く力の養成；

第一章　教養教育の歴史

(ii) 未来への飛躍を実現する人材の養成；(iii) 学びのセーフティネットの構築；(iv) 絆づくりと活力あるコミュニティの形成を教育行政の基本的方向性として挙げている。

　文部科学省は教育振興基本計画と関連して、現在も国立大学法人改革に積極的に動いており、2013 年**国立大学法人改革プラン**（[11]）を公表した。その内容は少子高齢化の進展、グローバル化、新興国の台頭などによる競争激化などの状況の変化に応じて、国立大学に自分の大学の強み・特色・社会的役割を公表させ（**ミッションの再定義**）、それにより (a) 世界最高の教育研究の展開拠点；(b) 全国的な教育研究拠点；(c) 地域活性化の中核的拠点のいずれかを目指させるというものである。文部科学省は 1 社会の変化に対応できる教育研究組織づくり；2 国際水準の教育研究の展開、積極的な留学生支援；3 大学発ベンチャー支援、理工系人材の戦略的育成；4 人事・給与システムの弾力化；5 ガバナンス機能の強化などを促す仕組みを構築しようしている。

　現状認識 (1) – (6) については、そのとおりである。また各大学が**ミッション**（使命）を明らかにすることは当然であり、日本の大学は米国の大学などに比べてこの点では遅れている。しかし、どのタイプの大学を目指すかという点に関しては、そう簡単ではない。例えば、中村修二氏は徳島大学工学部卒であり、大村智氏は山梨大学学芸学部卒であり、地方大学からも素晴らしい研究者が生まれている。とくに、数学や社会科学・人文科学などのような少ない研究費でも研究ができる分野では、地方の国立大学にも優れた研究者がいる。文部科学省は「各大学の改革の取り組みへの配分及びその影響を受ける国立大学法人運営費交付金の額を 3〜4 割に」と言っているが、柔軟性や慎重さが必要である[41]。また、「外国人の教員を増やし、外国の大学に留学する日本人と日本の大学に留学する外国人を増やす」とも言っているが、これについては日本人の英語力が関係している。日本人全体の英語力を上げるには時間がかかり、学生の英語力が上がらないと外国人教員の数を増やすことは難しい。

25

第一部

おわりに　将来に向けて

　最後に教育に関する意見を書く。

　日本の行政は性悪説に基づいて行われており、外国に比べ多くの書類を書くことが必要となっている。この点を改善しないと、大学や初等・中等学校の教員が研究・教育のための時間が確保できない。欧米の国のように性善説に立ち、「教員を信じて研究・教育のために必要な資金を供給し、問題が生じた場合には厳しく罰する」という方針に変える必要がある。

　教育は社会の問題を反映し、将来の社会を変える。教育改革は、急がず着実におこなう必要がある。日本の教育では、教育振興基本計画がそうであるように、現在どのような問題があるかを検討し、それを解決するための方法を考え、対策を取る。しかしそのような方法では不十分なことも多い。

　教育改革が効果をあらわすには時間がかかる。例えば、今の大学生が教育改革により力を伸ばしても、彼らが社会の中心的役割を果たすまでには20年位はかかる。また、国民は痛みを伴う改革を拒否する。教育改革では、そのようなことを考え、将来の社会がどうなるかを早期に考え、丁寧に国民に説明し、早めに対策をとる必要がある。

　例えば、**少子高齢化**により日本の社会や教育が現在の様になることは、早い人は1995年頃には気づいていた。少子化は時間の問題で労働力不足を引き起こすが、出産率を上げるための具体的対策が採られたり、女性の労働力を使って労働力不足を補う動きが出てきたりしたのはごく最近である。派遣労働を導入したときには、同一労働・同一賃金の原則を守らないで低賃金の労働者を増やすと、日本人の社会的均一性が崩れ、**格差が社会問題化**することは予期されていたはずである。不十分な奨学金の下で高等教育の費用を個人に任せると、現在の収入格差が将来の社会的格差につながることも自明である。日本の**財政の悪化**は、多くの人が2000年には気づいていた。しかし、現在でも効果の低い財政出動や過度な高齢者福祉などにより財政赤字の急増が続いている。この様な巨

第一章　教養教育の歴史

額の財政赤字は、第二次世界大戦後の様なハイパー・インフレを経て国債の債権価値の低下により処理するか、ギリシャの様な緊縮財政と大幅な増税の組み合わせで処理するしかない。

2045年頃には**情報科学の進歩**により今人間が行っている仕事の多くをコンピューターがおこなうようになることが見込まれており、ルーチンな仕事をおこなう事務職員などは需要が激減するであろう。そのようなことが起きる可能性を真剣に検討し、国民にどのようなことが起きる可能性が高いかを具体的に説明し、今からその様な社会にふさわしい人材育成を行うなどの対策を取っておく必要がある。

逆に、人工知能による労働の効率化が余り進まないなら、人口減少による**労働力不足**が深刻になり、日本の経済を縮小させるおそれがある。その様なことが起きた場合には、経済を縮小させないために、日本が非熟練外国人労働者や移民を受け入れる選択肢を選ぶ可能性がある（[12]参照）。しかし、非熟練外国人労働者や移民の受け入れは、今ヨーロッパで起きている様な人種と関連した問題を起こす可能性がある。その様な問題を起こさないためには、外国人を日本人と同様に扱うべきであるが、そのためには日本人の**人権意識を改善**することが必要である。しかし、日本人が外国人とのつきあいに慣れていないことや、ヘイト・スピーチが起きていることなどを考えると、日本人の人権意識を改善することは容易ではない。

繰り返すが、教育は社会の問題を反映し、将来の社会を変える。そこに教育の重要性がある。

【参考文献】

[1]　ヘロドトス、歴史（上中下）、松平千秋訳注、岩波書店〈岩波文庫〉、1971年～1972年／改版2006年．一元版『世界古典文学全集10　ヘロドトス』筑摩書房．

[2]　ヘーシオドス、仕事と日、松平千秋訳、岩波書店〈岩波文庫〉、1986年．

27

第一部

［３］　Ogilvie, Sheilagh（2011）. Institutions and European Trade : Merchant Guilds, 1000-1800. Cambridge University Press. ISBN 978-1-139-50039-5.

［４］　C. H. ハスキンズ著、大学の起源、青木靖三／三浦常司訳、八坂書房、2009年.

［５］　吉見俊哉、大学とは何か、岩波新書、1318、2011年.

［６］　ジャン・ヴィアル著、教育の歴史、高村昌憲訳、白水社、2007年.

［７］　天野郁夫、大学改革を問い直す、慶応大学出版会、2013年[42].

［８］　吉田文、大学と教養教育、岩波書店、2013年.

［９］　文部科学省、学制百年史、学制百年史資料編.

　　　　http : //www.mext.go.jp/b_menu/hakusho/html/others/detail/1317552.htm

　　　　http : //www.mext.go.jp/b_menu/hakusho/html/others/detail/1317930.htm

［10］　文部科学省中央教育審議会大学分科会制度・教育部会、学士課程教育の構築に向けて（審議のまとめ）、2008年.

　　　　http : //www.mext.go.jp/component/b_menu/shingi/toushin/__icsFiles/afieldfile/2013/05/13/1212958_001.pdf

［11］　文部科学省、国立大学改革プラン、2013年.

　　　　http : //www.mext.go.jp/component/a_menu/education/detail/__icsFiles/afieldfile/2013/12/18/1341974_01.pdf

［12］　法務省、第5次出入国管理基本計画、2015年.

　　　　http : //www.moj.go.jp/nyuukokukanri/kouhou/nyukan_nyukan40.html

［13］　私学振興・共済事業団、私立大学・短期大学等入学志願動向、2016.

　　　　http : //www.shigaku.go.jp/files/shigandoukou283.pdf

［14］　日本学術会議、回答　大学教育の分野別質保証の在り方について、2010年.

　　　　http : //www.scj.go.jp/ja/info/kohyo/pdf/kohyo-21-k100-1.pdf

【注】

1）　ソクラテスは著作を残さなかったため、彼については弟子などの著作を通してしか知ることができず、分からないことや、はっきりしないことがある。（ソクラテス問題）。

2）　プラトンは39歳ごろの時にイタリアを旅行したが、そこでピタゴラスが主宰する教団やゼノンなどのエレア派の哲学の影響を受け、それ以降、数学を重視するようになった。

3）　例外としては、ピサ大学やパドヴァ大学で数学や天文学を教えていたガリレオ・ガリレイがいる。

4）　文字式についてはフランソワ・ヴィエト（François Viète、1540-1603）の貢献が大きい。

5）　解析幾何学は、ピエール・ド・フェルマー（Pierre de Fermat、1607年末また

第一章　教養教育の歴史

は 1608 年-1665 年）もデカルトとほぼ同時期に発明している。

6) 微分積分学は、ゴットフリート・ヴィルヘルム・ライプニッツ（Gottfried Wil-
helm Leibniz、1646 年-1716 年）もニュートンとほぼ同時期に建設しており、
現在ライプニッツの記号が使われている。

7) 現在では「文字が読め、数の計算ができることは国家の近代化に欠かすことが
できない」と考え、UNESCO（国際連合教育科学文化機関）や UNICEF（国際
連合児童基金）が義務教育の普及に取り組んでおり、世界の識字率は 75% 位
となっている。

8) フランスのリセは、元は中等教育全体を行っていたが、現在は、前期中等教育
をコレージュ（4 年間、中学校相当）が、後期中等教育をリセ（3 年間、高校
相当）が行っている。

9) 現在イギリスには公立学校と私立学校（インディペンデントスクール）とがあ
り、パブリックスクールはオックスフォード大学やケンブリッジ大学に入学す
ることを目指す人が集まる私立学校の一種であり、パブリックスクール法で定
められている。

10) 一番学生が多い第一高等学校でも、卒業生は 400 人程度であり、すべての旧制
高校を合わせても卒業生は 5000 人程度であった。

11) 1930 年には大学生数が 4 万人余りであったが、大学進学率は 1955 年 7.9%、1960
年 8.2%、1965 年 12.8%、1970 年 17.1%、1970 年 27.2%、1975 年 27.2、1980
年 26.1%、1985 年 26.5%、1990 年 24.6%、1995 年 32.1%、2000 年 39.7%、2005
年 44.2%、2010 年 50.9% となった。

12) 高等学校進学率は、1950 年に 43% であったのが 1960 年 58%、1970 年 82%、
1980 年には 94% となり、現在は 90% の後半となっている。

13) 1949 年 180 校であった大学は、1953 年 226 校、1960 年 245 校、1970 年 382 校、
1980 年 446 校、1990 年 507 校、2000 年 649 校、2010 年 778 校と急増するが、
2010 年の大学は国立大学 86 校、公立大学 95 校、私立大学 597 校（76.7%）と
なっており、学生数でも 74.3% が私立大学に属している。

14) 1950 年から 1952 年までの 3 年間に特需として 10 億ドル、1955 年までの間接
特需として 36 億ドルがあったといわれる。

15) 1971 年 8 月米国のニクソン大統領は金・ドル交換の停止を発表し、日本は 1 ド
ル 360 円の為替相場を変動相場制に移行した。

16) 米国の社会学者 Ezra Feivel Vogel による 1979 年の著書であり、原題は Japan as
Number One : Lessons for America である。

17) 設置審での審議では、「大学の土地、建物、教員などを手当てしたのちに申請
されるので、設置不可が良いと思っても、社会的影響が大きいので、不許可と
はしにくい」との話もある。2012 年には設置審が新設大学の認可を答申したが、
田中眞紀子大臣が不認可とし、世論・マスコミの反発により 6 日後に撤回した
という象徴的な事件があった。

18) 現在でも、日本人は「貧しきを憂えず、等しからざるを憂う」という様な傾向

第一部

が強い。

19) 典型的なものとしては、日本教職員組合の全国学力調査反対闘争（1961 年～1662
年）があり、1962 年で高校生の学力調査が中止となった。

20) 年功は「年来の功労」を指すが、功績ではなく年齢に基づき人事が行われた。

21) 典型的なものとして、高度成長期には「女性は結婚すると専業主婦となる」とい
う**寿退社**があったが、寿退社は現在は少なくなった。しかし長時間労働や育
児との両立に苦しみ、出産後に専業主婦となったり、非正規雇用になる女性は
今も多い。

22) 私は就職担当して、多くのリクルーターからこのようなことを聞いた。

23) 例外はあるかもしれないが、少なくとも著者が所属する数学や理学の世界では
そうであった。なお、一般教育担当の教員の昇進人事に関しては、業績より年
齢が重要な判断基準であった。

24) 私は日本学術会議の会議で、出席していた文部科学省のキャリア官僚から、「財
務省がこの様に主張しているので、自分たちは高等教育への財政支援を増やし
たいが、増やすことができない」と聞いたことがある。

25) Restructuring から作った和製英語。

26) リストラされた一部の人は、韓国、台湾、中国などで職を探し、日本の技術の
海外流出が生じた。

27) 政府や経済界は「多様な働き方を可能にするため」といって派遣などの非正規
雇用を増やしたが、実際は人件費の削減が目的であった。

28) フリーランス・アルバイターの略称。正規雇用以外の人を指すが、学生は含ま
れない。

29) 日本では、15～34 歳までの非労働力人口のうち、通学しておらず、家事を行っ
ていない若年無業者を指す。

30) 財務省によると、2015 年度の GDP は名目 504 兆円であり、国地方合計の長期
債務残高は 2015 年度末で 1041 兆円である。

31) 1990 年代に生じた不況は最初「失われた 10 年」と呼ばれたが、現在は「失わ
れた 20 年」と呼ぶのに相応しくなっている。

32) 偏差値が高い若者の多くは、上位大学を目指して現在も以前と変わらず学習し
ている。以前に比べ学力低下が深刻なのは、偏差値が 45～55 程度の学力が中
位のグループである。

33) 講義・授業の大まかな予定や方針を指す。

34) 学生の授業評価に書かれたことは必ずしも信頼できるとは限らないが、教員の
反省材料の一つとして、参考にするのが良いと思う。

35) 日本の単位認定が欧米の国に比べ甘いのと同様に、日本の認証評価はかなり甘
く、大学の質保証の決め手とはなっていない。

36) 現在でも博士課程修了者は、「大学で行っていた研究に近い仕事を企業でする」
というのが大半の企業では原則の様である。

37) 「国が自ら主体となって直接に実施する必要のないもののうち、民間の主体に

30

第一章　教養教育の歴史

　　　ゆだねた場合には必ずしも実施されないおそれがあるものを効率的かつ効果的
　　　に行わせる」ことを目的として、設立される法人を独立行政法人という。

38)　この論理を認めると、国の予算も毎年1%減らすべきである。

39)　化学分野では、高額な分析機器を持っているかどうかが研究成果に直結すると
　　　いう話を聞いたことがある。

40)　人が社会において生きてゆく中で、自らの役割の価値や自分と役割との関係を
　　　見いだしていく連なりや積み重ねを「キャリア」と言い、キャリア教育とは、
　　　一人一人の社会的・職業的自立に向け、必要な基盤となる能力や態度を育てる
　　　ことを通して、キャリア発達を促す教育であるとされている（中央教育審議会）。

41)　改革プランを作文することは短時間でできるが、改革プランを実行することは
　　　容易ではない。法人化以来、日本人の書く論文数が減っており、引用数も減っ
　　　ている。改革を急ぎすぎているのではないだろうか？

42)　天野氏は改革を行う文部科学省や教育学（人文社会学）の側から見て書いてい
　　　ることが多いが、著者は大学の研究者や数学（理学）の側から見て意見を書い
　　　ている。そのため、大学の大衆化・認証評価・大学院問題などの点で意見が分
　　　かれたり、意見がすれ違ったりしている。

第二章　東北大学と教養教育
―東北大学における教養教育改革の取り組み―

木島　明博

はじめに

　昭和40年代、全国的に波及した学生運動、大学紛争は戦後の日本の教育を大きく転換させる要因となったのではないだろうか。大学の民主化が叫ばれる中、一部の権力が度を越して抑圧を加えていくことに違和感を感じた学生は、社会の矛盾に真っ向から向き合い、様々な形で社会を考え、世界を考え、人間を考えた。ある者は力によって社会変革を目指した。ある者は勉学によって社会変革を目指した。またある者は社会改革の思考を止めて自らの生活のみを考えた。議論が世に氾濫した。本来ならばそこで哲学や倫理、思想や論理を考えるために、自分の専門だけではなく、広く世界を認識する教養、人生を学ぶ基盤となる教養、自らを客観視することができるようになる教養を重要視するべきだった。しかし現実には多くの学生が、そして一部の教員が教養教育を否定する方向へと向かっていったことも事実である。「教養は重要である」が「教養部は不要である」といった議論は私が学生時代にまことしやかにささやかれていた。

　昭和40年代に最盛期を迎えた学生運動を機に、大学内ばかりではなく、日本国中にくすぶっていた教養教育の在り方の議論は、ついに平成3年の文部省による大学設置基準の大綱化により大きく変革させられることになった。それはすなわち、それまでの一般教育（教養課程）と専門課程の区分を廃止し、大学教育の大綱化を行うことであり、いわゆる教養部解体となって全国に波及した。その後、平成10年には「21世紀における大学像と今後の改革方針について」、平成14年には「新しい時代における教養教育の在り方について」が中央教育審議会から答申され、

第一部

人間性の教育を求める内容が、言葉自体は異なるものの強調された。さらに、平成16年にはそれまでの「国立大学」から独自で大学運営を考え、自由度を増すための「国立大学法人」化が実施された。そして翌平成17年には、「我が国の高等教育の将来像」が中央教育審議会答申として出され、戦後の大学教育改革の波が怒涛のように押し寄せた。今もその流れは続いている。この大学教育、特に教養教育に関して激動となる平成初期から約四半世紀に及ぶ間、東北大学は東北大学としての教養教育改革を実行してきた。本章では、第一節で文部省・文部科学省から出された諸答申を振り返り、日本全体における教養教育改革を概説する。第二節では、その社会情勢の中における東北大学の教養教育改革の足跡を整理した。そしておわりに東北大学の教養教育ついて私見を述べる構成とする。

第一節　日本の大学教育における教養教育改革の流れ
　　　　（大学審議会、中央教育審議会答申を中心に）

　戦後の日本の大学における教養教育は、米国のリベラルアーツ教育をモデルに、人間的教養の基盤の上に、学問研究と職業人養成の理念を掲げて一般教育として始まった。しかし、少人数教育など全人的教育のための人的・物的資源の不足、教員側にも学生側にも一般教育の意義や目的に対する理解不足、専門教育と教養教育の乖離など、多くの課題を抱えていた。その後、大学進学率の向上、大学の多様化などの社会情勢の変化に伴い、それに対応できる教育システムにも大きな改革の必要性が生まれた。平成3年7月1日、文部省は大学設置基準大綱化の省令を発布した。それは、それまでの一般教育（教養課程）と専門課程の区分を廃止し、大学教育の大綱化を行うことであり、いわゆる教養部解体となって全国に波及した。この時の教育目標とは、「学問のすそ野を広げ様々な角度から物事を見ることができる能力や、自主的・総合的に考え、的確に判断する能力、豊かな人間性を養い、自分の知識や人生を社会との関係で位置づけることのできる人材の育成」という崇高なものである。

第二章　東北大学と教養教育

　その後、平成 10 年 10 月 26 日に「21 世紀における大学像と今後の改革方針について―競争的環境の中で個性が輝く大学―」が大学審議会から答申された（文献 1）。それによれば、高等教育を取り巻く 21 世紀初頭の社会情勢を俯瞰、これからの高等教育には知識の量だけではなく、より幅広い視点から「知」を総合的にとらえ直していくことの必要性を示し、①課題探求能力の育成を目指した教育研究の質の向上、②教育研究システムの柔構造化による大学の自立性の確保、③責任ある意思決定と実行を目指した組織運営体制の整備、④多元的評価システムの確立による大学の個性化と教育研究の不断の改善、の 4 つを大学改革の基本理念として掲げた。同時に国際的通用性・共通性の確保と公共的機関として大学が社会的責任を果たしていくことの重要性も記載している。この中の「課題探求能力の育成―教育研究の質の向上―」では、教養教育の重視と、教養教育と専門教育の有機的連携の確保を第一に掲げている。すなわち、課題探求能力を「主体的な変化に対応し、自ら将来の課題を探求し、その課題に対して幅広い視点から柔軟かつ総合的な判断を下すことのできる力」と定義し、その観点のもとで前出の教養教育の理念・目標を実現するためのカリキュラム等の一層の工夫化・改善、全教員の意識改革と全学的な実施・運営体制の整備の必要性を記載している。さらに専門教育において教養教育の理念を踏まえた教育を展開することとし、「関連諸科学との関係、学問と個人の人生及び社会との関係を教えることなどを通じて、学生が主体的に課題を探求し解決するための基礎となる能力を育成する」としている。さらに外国語教育の充実や海外留学の推進等を進めると同時に「我が国の歴史や文化への理解、国際社会が直面する重要課題への認識を深め、プレゼンテーション等の訓練を通じて自らの主張を明確に表現できる能力の育成により、国際舞台で活躍できる人材の育成を図る」ことも記載している。本答申はそのほかにも大学院教育、大学の運営体制にも言及し、その後の大学改革を主導する基盤となったと考えている。

　平成 12 年 11 月 22 日には大学審議会から「グローバル化時代に求め

35

第一部

られる高等教育の在り方について」の答申が出された（文献 2）。これ
は平成 10 年に出された答申以後における情報通信技術の急速な発展、
それによる社会や個人の様々な営みにおける国境を超えた活動の拡大、
そして各国のグローバル化に対応した高等教育システムの進展が目覚ま
しく、この変化に適応した日本における教育システムの構築を求めてい
る。その方向性として、（1）グローバル化時代を担う人材の質の向上に
向けた教育の充実、（2）科学技術の革新と社会、経済の変化に対応した
高度で多様な教育研究の展開、（3）情報通信技術の活用、（4）学生、教
員等の国際的流動性の向上、（5）最先端の教育研究の推進に向けた高等
教育機関の組織運営体制の改善と財政基盤の確保、の 5 つの視点に立っ
て改革を進めていくことが謳われている。この中でも、（1）の項目で、
我が国の高等教育において新たな教養教育の在り方を考慮した教育の推
進が求められるとし、教養を重視した教育の改善充実として 1）高い倫
理性と責任感を持って判断し行動できる能力の育成、2）自らの文化と
世界の多様な文化に対する理解の促進、3）外国語によるコミュニケー
ション能力の育成、4）情報リテラシーの向上、5）科学リテラシーの向
上、を挙げている。さらに平成 3 年の大学設置基準等の大綱化以来、多
くの大学でカリキュラム改革が進んでいるにも関わらず、教養教育の認
識や取扱いが不十分、学生の教養の低下が危惧されているとも記載し、
平成 10 年の答申に基づく学部教育の見直しを希求している。さらに本
答申では学生の海外派遣の充実や若手教員等の海外派遣の充実、留学生
を組織的に受け入れる教育プログラムの開発実施など、教育研究の国際
化に対応した施策も記載されている。これらを概観すると、平成 10 年
の答申を補強する形で大学における教養教育の重要性、国際化の必要性
を謳っているものと位置づけることができる。

　その 2 年後の平成 14 年 2 月 21 日には中央教育審議会から「新しい時
代における教養教育の在り方について」という答申が出された（文献 3）。
これは、平成 10 年、平成 12 年の大学審議会答申を受け、その中から教
養教育に焦点を当て、検討したものである。すなわち、社会全体の価値

観の多様化、情報化社会の進展などの社会情勢の変化により「哲学を諸学の基礎とするような学問の体系性が失われ、学問の専門化、細分化が進む中で、教養についての共通理解というべきものが失われてきた。」との見解に立脚して、新たな時代における「教養」の概念を整理し、教養教育の在り方について具体的提言をしたものとなっている。第1章では、既存の価値観の変化から、青少年期の若者が自我の確立を求め自ら学ぼうとする意欲の薄れを危惧し、「自らが今どのような地点に立っているのかを見極め、今後どのような目標に向かって進むべきかを考え、目標実現のために主体的に行動していく力」こそが「新時代の教養」として必要であるとしている。第2章では前出の「新時代の教養」について「個人が社会とかかわり、経験を積み、体系的な知識や知恵を獲得する過程で身につける、ものの見方、考え方、価値観の総体」と位置づけ、重視すべき5つの要素を上げている。それは自己の位置づけと自律の力、自他の文化の深い理解、自然の理解・論理性・判断力、論理的思考力や表現力の根源となる国語力、そして礼儀・作法をはじめとする修養的教養、である。そして第3章では教養教育の培い方について論じ、教養教育に対して3つの重視する点を挙げている。一つは主体的な態度を身に着け何事にも真摯に取り組む意欲の育成、二つ目は生涯にわたる新たな知識の獲得とそれを統合する力の育成、三つ目は異文化との接触と理解、としている。また、特に本答申では人の成長段階を幼・少年期、青年期、成人期に区分し、それぞれの段階における教養のあり方と具体的方策について詳細に記述し、教養教育が生涯において身に付けるものであることを示している。すなわち、幼・少年期では具体的方策として①家庭や地域で子どもたちの豊かな知恵を育てること、②確かな基礎学力を育てること、③学ぶ意欲や態度を育てること、④豊かな人間性の基盤を作ること、⑤教員の力量を高めること、を挙げている。青年期では、高等学校における教養教育として、①論理的に粘り強く考える訓練を行うこと、②「体験」を通じて大人となる基礎を培うこと、を挙げている。一方、大学における教養教育として、①「感銘と感動を与え知的好奇心を喚起

第一部

する授業」を創生すること、②大学や教員の積極的な取り組みを促す仕組みを整備すること、③各大学において教養教育の責任ある実施体制を確立すること、④学生の社会や異文化との交流を促進すること、を挙げている。また、成人期では、①教養を尊重する社会の実現に向けた機運を醸成すること、②大人が教養を高めるために学ぶ機会を充実すること、を掲げている。本答申は日本における教養教育の在り方全体にわたっており、戦後の社会情勢の急激かつ大幅な変化に対応した教養教育の在り方を示した文書となっており、その後の大学における教養教育の方策を考える一つの基盤となったと考えられる。

　平成16年4月1日より、「これまでの国立大学の使命をより確実に果たすべく、明治以来、国の内部機関として位置付けられてきた国立大学に、独立した法人格を付与して、自律的な環境下で裁量の大幅な拡大を図り、大学をより活性化し、優れた教育や特色ある研究へ向けた積極的な取組を促し、より個性豊かな魅力ある大学の実現」を目指して、それまでの「国立大学」から「国立大学法人」に移行した。そして翌平成17年1月28日には、中央教育審議会から「我が国の高等教育の将来像」と題した答申が出された（文献4）。本答申は、劇的に変化する国際社会の情勢を鑑み、現状分析を行った上で日本の高等教育および高等教育機関の在り方のグランドデザインを著し、その施策を提示したものとしている。いわば、「知識基盤社会」の時代である21世紀における日本の高等教育の在り方を示そうとした意欲的内容が記載されている。実際にこの答申により、従来の職階が教授、准教授、助教、助手となり、職務の明確化もなされた。また、各大学の機能と個性・特色の明確化、評価基準の明確化も図り、日本全体としての高等教育機関の位置づけも明確化されてきた。教養教育に関しても、大学として教養教育に重点を置くリベラル・アーツ・カレッジ型大学や総合的教養教育型など、多様な組み込みを可能にしている特徴がある。

　その後も高等教育に関する中央教育審議会の答申は「学士課程教育の構築に向けて」平成20年12月24日（文献5）、「新たな未来を築くた

めの大学教育の質的転換に向けて〜生涯学び続け、主体的に考える力を育成する大学へ〜」平成 24 年 8 月 28 日（文献 6）が出され、大学改革の加速を求めている。また、平成 24 年答申においてもプログラムとしての学士課程教育という概念が未定着としている。それに対して個々の教員の意識改革と学位授与の基準を明確にして教育プログラムを作成、組織全体として教学マネジメントを行うべきとし、教養教育はこのプログラムの中で位置づけられるべきとしている。

　これまで出されてきたいずれの答申も、教育の基盤、原点、根本を謳い、教養教育の大切さを訴えている。近年の国際社会を含む地球全体の社会情勢の急速な変化に対応する高等教育、大学教育が必要とされることは十分理解できるものである。しかし、高等教育の大きな目標は何も変わっていないことも良く理解できる。「高等教育の危機は社会の危機」という言葉に顕される意味は痛いほど理解できるものであり、地球の中の日本としてこれからも「知」を活用して地球社会を構築していくためにも、大学教育の中の教養教育の重要性を感じざるを得ない。

第二節　東北大学における教養教育改革の流れ

　平成 3 年の大学設置基準大綱化の文部省令を受け、東北大学は平成 5 年 4 月 1 日からそれまでの教養部を廃止し、学部一貫教育の理念のもとに全学教育を開始した。この改革は、大学 1、2 年生が所属していた教養部を解体し、それまで教養部で行っていた一般教育（教養教育）を教養部の責任で行うのではなく、全学教育と銘打って全学の責任で行うことにする改革である。それまでの教養部の教官（当時は国立大学であったので教官という）は各学部・大学院、あるいは教育・研究センター等の組織に所属する教官となり、各組織が責任をもってそれまでの一般教育（教養教育）すなわち全学教育を担当することになった。しかし、全学教育の開始当初からその責任体制や教育の分担体制に課題を残すとともに、各部局における分属教員の位置づけや教育エフォートの不均衡など、教養部解体以降 5 年の間に東北大学内において重大な課題が蓄積し、

第一部

山積してきた。この課題を解決するために、東北大学は平成 10 年 3 月
17 日に「東北大学の在り方に関する検討委員会」を設置し、全学的議
論を開始した。この委員会には「研究教育改革小委員会」と「組織運営
システム改革小委員会」が設置され、研究教育ばかりではなく、組織運
営に関する課題をも議論する全学的改革の方向を探る委員会となってい
る。本委員会が発足した後、平成 10 年 10 月 26 日に大学審議会から「21
世紀における大学像と今後の改革方針について─競争的環境の中で個性
が輝く大学─」（文献 1）が答申された。これは第一節で述べた通り、
大学改革の 4 つの基本理念を示し、その中の「課題探求能力の育成─教
育研究の質の向上」の理念の中で教養教育の重視と、教養教育と専門教
育の有機的連携を掲げ、カリキュラム等の一層の工夫化・改善、全教員
の意識改革と全学的な実施・運営体制の整備の必要性を記載するもので
あった。この答申も参考にして、東北大学としての独自の改革に関する
議論を重ね、平成 11 年 1 月 19 日、阿部博之総長（当時）に報告書が提
出された。その報告書は平成 11 年 2 月 16 日の評議会で承認されている
（文献 7）。その報告書によれば、「IV. 学部レベルの教育の整備」の項
において、全学教育を運営するための全学的な権威と権限を持った組織
がないこと、教養科目の細分化によって教育の体系性が失われているこ
と、語学教育体制の弱体化、非常勤講師率の増加、川内北キャンパスの
教育上ならびに管理上の空洞化などの問題点を指摘している。これらの
問題を解決に導くために、報告書では、「全学教育改革検討委員会」を
設置して、①全学教育の目的と区分、②全学教育の科目群と科目体系、
③全学教育の語学教育、④学部レベル教育・全学教育の担当原則、⑤全
学教育の運営・責任組織、⑥その他全学教育に関わる重要事項について
検討する必要性を訴えている。

　評議会は平成 11 年 2 月 16 日の報告（文献 7）を受け、同日に「全学
教育改革検討委員会」を設置し、いよいよ教育に関しては本丸の全学教
育改革を検討することになった。本委員会には 7 つのプロジェクトチー
ム（PT）：（少人数教育（基礎ゼミ）PT、基本科目 PT、外国語 PT、保

健体育検討 PT、特定科目 PT、情報基礎 PT、実験科目 PT）が設置され、細部にわたり検討がなされている。その「全学教育改革検討委員会」報告は平成 12 年 3 月 21 日に阿部博之総長（当時）に提出され、同年 4 月 18 日の評議会で承認されている（文献 8）。本報告書において、「I. 全学教育の現状と問題点」では、教養部廃止の際の全学教育設計において全学教育の目的と専門教育との区分が明確ではなく、責任と権限を持つ運営組織も確立していなかったこと、その後に全学教育の実施体制の改善を図ってこなかったこと、社会状況や学問の状況の変化に対応した基盤教育の整備を大学として本格に取り込んでこなかったこと、大学院重点化を受けて東北大学が「研究大学」として整備を進めているが、研究大学にふさわしい全学教育の再編が遅れていることなどの問題点が丁寧に説明されている。そのうえで、全学教育改革の理念と方針として、「研究大学」としての研究教育の高度化に対応した全学教育、社会状況に対応した全学教育、教養部廃止時の全学教育設計の問題点の是正、全学教育開始後の経年的悪化の原因除去を掲げ、根本的改革を行うべきとしている。その理念と方針の下、「II. 全学教育の教育内容の改革」の項目では、全学教育と専門教育の区別、目的、区分（基幹科目類、展開科目類、共通科目類）、単位数・時間数・時間割、各科目類の詳細かつ具体的な説明が記載されている。一方、「III. 全学教育の担当原則」の項目では、本改革の重要なポイントとなる担当教員の確保のために、各部局における担当ルールの必要性を明示し、非常勤講師の雇用に関する原則を確認、担当教員の拡大方法、各部局配置流用定員の活用法と返還に関する原則、そして全学教育に対する遂行状況の評価を行い学内資源配分にも反映させることも提案している。さらに、「IV. 全学教育組織」では、全学教育に責任と権限を持たせた「全学教育審議会」の設置の必要性を説き、その審議内容、構成、組織について言及し、議長として全学教育担当総長特別補佐（副総長）を置くべきとしている。そして最後に「V. 予算措置」として、これらの改革を行うために必要な予算を計上している。本報告書はそれ以降の全学教育（教養教育）改革の基本とな

第一部

り、実際に東北大学としての全学的改革につながったものである。

　それから 4 年、上記の 2 つの報告書を基盤として、平成 16 年 10 月 1 日に、東北大学は全学教育改革の一環として、教養部解体後の全学教育を担ってきた大学教育センターと、入試関係にかかわってきたアドミッションセンター、学生の健康管理を担ってきた保健管理センター、学生の心の支えを担ってきた学生相談所、情報教育を担ってきた情報シナジーセンター情報教育部、そして留学生業務を担ってきた留学生センターの一部を統合・改組して、全学教育の実践とその調査研究を中心に、入学から卒業までの大学生活を充実発展させるための「高等教育開発推進センター」を設置した。また、全学の教育に責任を持つ組織として教育担当理事・副学長が委員長を務める「学務審議会」が同時に設置され、高等教育開発推進センターとともに、完全とはいえないまでも全学教育にも責任と権限を持つ組織が出来上がった。国立大学が法人化してから半年後のことである。

　高等教育開発推進センターでは高等教育に関する調査研究と実践を標榜して、教員集団が新たな教育へとつながる多くの試みを展開していった。その成果の一部として、平成 17 年度には、「国際連携を活かした高等教育システムの構築」プロジェクト（文部科学省特別教育研究経費）が採択されるとともに、文部科学省の特色ある大学教育支援プログラムに「融合型理科実験が育む自然理解と論理的思考」が採択された。平成 18 年度には文部科学省の特色ある大学教育支援プログラムに「『学びの転換』を育む研究大学型少人数教育」が採択され、平成 22 年度には「国際連携を活用した世界水準の大学教員養成プログラム（PFFP）開発」（文部科学省特別経費）が採択された。さらに、文部科学省による教育関係共同利用拠点（大学の教職員の組織的な研修等の実施機関）において当該センターが応募した「国際連携を活用した大学教育力開発の支援拠点」が認定されるなど、全国レベルで認知され、高く評価される組織となっていった。高等教育開発推進センターの組織および活動については「東北大学高等教育開発推進センター紀要」の第 1 号～第 10 号に詳しく記

載されている（文献9）。

　全学教育を推進する理念、目標、方針が掲げられ、組織や体制も整えられてきた。平成12年の「全学教育改革検討委員会」の報告書にある優れたカリキュラム、少人数教育や転換教育、新たに体系化した理科教育など、教養教育の基盤を網羅するカリキュラムはすでに実践されている。しかし、実際の全学教育・教養教育に対する学生のモチベーションや教員、特に各学部・大学院教員の意識が急速に改善されることは難しく、全学教育に対応した新組織である高等教育開発推進センターも学内での評価があまり高くはならなかった。むしろ下から数えたほうが早いほど評価が低い状況にあった。なぜ学生に教養教育の面白さや重要性が伝わらないのか。本学を卒業し、社会で活躍している卒業生の多くが「教養は大切だ」、「もう少しまじめに勉強しておけばよかった」、「社会に出ると教養の重要性をひしひし感じるようになる」との意見、回想も聞かれるにもかかわらず、学生の意識は変わらず、相変わらず全学教育・教養教育を軽視する風潮が続く。その要因はなにか。それは教養の面白さや重要性、教養教育の意義と意味を学生自ら理解することなく、巷間のうわさや思い込みに左右され、勉学意欲がわかないことにあると考えられた。また、多くの教員も教養の大切さを理解しながらも、全学教育に対する意欲を強く持たない状況にあった。

　平成18年に就任した井上明久総長（当時）は、研究大学の発展には教養教育が極めて重要であると考えていた。総長就任直後に公表した「井上プラン2007」には、大学教育の根幹となる教養教育の充実を冒頭に掲げ、東北大学独自の教養教育カリキュラムの再構築、教養教育実施体制の充実が記載されている（文献10）。これは教養教育に対する学生のモチベーションを高め、興味を持って教養を学ぶことができるよう、具体的なプランも明示したところに特徴がある。また、机上の勉学だけではなく、海外に出て行って体感することで得られる国際化、専門を学んでいる学生が履修できる高度教養教育カリキュラムの創出がプランとして挙げられている。さらに「井上プラン」では全学教育・教養教育のモ

第一部

チベーションが上がらない要因を学生だけに求めなかった。学生は教員の意欲を非常に敏感に察知する特性がある。それゆえ、学生のモチベーションだけではなく、教員の全学教育・教養教育に対する意識も同時に高めていく施策を教養教育実施体制の充実の中に盛り込んでいった。その一つの施策に教養教育院の総長特命教授制度、教養教育特任教員制度があげられる。総長特命教授は、専門分野で世界的に著名な研究者であり、教育・研究経験が豊富で、広く深い知識を併せ持ち、若者の教育、特に教養教育に対して強い情熱を持ち合わせている本学の退職教員を総長が選出し、任命した教授である。このような経験が深く世界的研究を実践してきた教授が教養教育の重要性を学生に伝えるとともに、そのような世界的研究を目指す教員にも大きな影響を与える結果となった。また、教養教育に強い意欲を持ち、実績を持ち合わせている現役の教員を総長が選出し、任命する教養教育特任教員制度も併せて設置、実行したことにより、その効果は相乗的になったと感じている。

　しかし、教養教育の理解と意欲だけでは教養教育全体を進展させることはできない。そこで高等教育開発推進センターでは研究大学の教養教育として、その基盤となる異文化教育、語学教育に力を入れた。具体的には全学教育における英語の授業時間の増強とネイティブ教員の増員を行った。課外授業としてネイティブによるプレゼンテーション力強化を狙ったプラクティカルイングリッシュの実施や海外留学プログラムの増強を実施した。さらに、教養教育の重要な部分である人間関係の構築に対して、教員の教育補助である大学院生の TA の活用という発想だけではなく、先輩が後輩に教えるという、課外活動・部活動で行われてきたことをシステム化したスチューデント・ラーニング・アドバイザー制度（SLA 制度）の創設も忘れてはならない。この制度は、1 年生の学生諸君が全学教育について語る場で「おじさんみたいな大学院生」「大先輩から教わりにくい」といった学生の発言がきっかけで生まれたものである。さらに教員集団に対しては教員同士の交流を促進し、相互に教育・教養教育の方法や考え方に関する理解を深めるばかりではなく、人とし

第二章　東北大学と教養教育

ての理解や寛容の輪を広げることによって、教員側の教養教育に対する幅が広がってきた実感がある。高等教育開発推進センターの教育改革は、これまで幾度となく行われてきた崇高な教育目標や理念の改革ではなく、教員・職員・学生の意識改革であり人心の輪の改革であったといえるのではないだろうか。

おわりに

　東北大学は朝日新聞出版が発行している「大学ランキング」の高校からの評価において、2006 年（平成 18 年）から 10 年連続総合第 1 位に輝いている。ランキングなどはあてになるものではないと高をくくっていたものの、中身を見てみると、大学に「進学して伸びた」の項目における評価では、やはり 2006 年（平成 18 年）から今日まで第 1 位の座を譲ったことがない。これは単にブランド力の問題ではないと感じるものがある。やはり学生にとって東北大学の教育は学生を伸ばしているものと確信できるものである。これは教員と学生との信頼関係、教員ばかりではなく大学職員の学生を思う気持ちも大きな支えとなっており、東北大学で学ぶことが大きな意味を持っている証ではないだろうか。

　東北大学の教養教育改革に関して、井上プランの「大学教育の根幹となる教養教育の充実」から里見ビジョンの「グローバルリーダーを育成するための教養教育の充実を核とする教育改革」へとつながっている（文献 11）。また、高等教育開発推進センターで行ってきた全学教育・教養教育の実践は、さらに組織を拡充する方向へと進み、高度教養教育・学生支援機構にバトンタッチされている。今後も東北大学は研究大学として世界をリードしていくために、新たな発想や実践する力を持った学生の育成を目指し、次から次へと教育改革・改善を断行し、不断の改革改善を学生・職員・教員とともにイーブンパートナーシップの意識のもとに進めて行くことになると信じてやまない。それこそが社会の劇的変化に対応することができる方法であると考える。そのためにも学生も職員も教員もそれぞれの立場、それぞれの文化の中で相手を尊重しあう教養

45

第一部

の心、異文化を深く理解しあう教養をもって今後とも東北大学の教育を
創り続けていくことを切に願うものである。

【参考文献】

文献 1：文部省大学審議会答申（平成 10 年 10 月 26 日）「21 世紀における大学像と
　　　今後の改革方針について―競争的環境の中で個性が輝く大学―」：
　　　http：//www.mext.go.jp/b_menu/shingi/old_chukyo/old_daigaku_index/toushin/
　　　1315932.htm

文献 2：文部省大学審議会答申（平成 12 年 11 月 22 日）「グローバル化時代に求められ
　　　る高等教育の在り方について」：
　　　http：//www.mext.go.jp/b_menu/shingi/old_chukyo/old_daigaku_index/toushin/
　　　1315960.htm

文献 3：文部科学省中央教育審議会答申（平成 14 年 2 月 21 日）「新しい時代におけ
　　　る教養教育の在り方について」：
　　　http：//www.mext.go.jp/b_menu/shingi/chukyo/chukyo0/toushin/020203/020203a.
　　　htm#01

文献 4：文部科学省中央教育審議会答申（平成 17 年 1 月 28 日）「我が国の高等教育
　　　の将来像」：
　　　http：//www.mext.go.jp/b_menu/shingi/chukyo/chukyo0/toushin/05013101.htm

文献 5：文部科学省中央教育審議会答申（平成 20 年 12 月 24 日）「学士課程教育の構
　　　築に向けて」
　　　http：//www.mext.go.jp/b_menu/shingi/chukyo/chukyo0/toushin/1217067.htm

文献 6：文部科学省中央教育審議会答申（平成 24 年 8 月 28 日）「新たな未来を気付
　　　くための大学教育の質的転換に向けて～生涯学び続け、主体的に考える力を
　　　育成する大学へ～」：
　　　http：//www.mext.go.jp/b_menu/shingi/chukyo/chukyo0/toushin/1325047.htm

文献 7：東北大学（平成 11 年 2 月 16 日東北大学評議会承認）「東北大学の在り方に
　　　関する検討委員会報告」pp.107

文献 8：東北大学（平成 12 年 4 月 18 日東北大学評議会承認）「全学教育改革検討委
　　　員会報告」pp.93

文献 9：「東北大学高等教育開発推進センター紀要」第 1 号～第 10 号（平成 18 年、19
　　　年、20 年、21 年、22 年、23 年、24 年、25 年、26 年、27 年）
　　　http：//www.ihe.tohoku.ac.jp/?page_id=700）

文献 10：「井上プラン 2007」平成 19 年 3 月、東北大学総長室

文献 11：「里見ビジョン」平成 25 年 8 月、東北大学総長室

第三章　教養教育改革が目指すもの

花輪　公雄

はじめに

　本書第一章では、古代ギリシャから始まる「教養教育の歴史」が概観された（森田、2018）[1]。第二章では、本学で教養部が廃止された1993年以降の本学の教養教育に関わる改革が、中央教育審議会などにおける教養教育や大学改革についての議論の文脈の中で論じられた（木島、2018）[2]。続く本章では、2012年度以降の本学の教養教育の充実・改革に向けた取り組みを、特に本学の教養教育を担う新組織の設置に係る議論に焦点を絞って紹介したい。

　以下、第一節では、高度教養教育・学生支援機構として結実した組織再編の議論を、時間を追って紹介する。第二節では、新組織の目指す教養教育の内容について、当時の検討ワーキング・グループの報告書を基に紹介する。第三節ではこの間の組織以外の教育に関する整備状況について触れる。おわりにでは、東北大学教養教育のこれからと題して、残された課題について述べる。

　なお、本学では、教養教育を含め「全学部の学生を対象とした教育」を「全学教育」と呼んでいる。同じような内容の教育を、「基盤教育」や「共通教育」と呼ぶ大学もある。本稿では、特に混乱をもたらさないと判断する限り、全学教育の意味で教養教育を用いることとする。

第一節　教養教育組織の再編の議論

　教養部廃止以降の本学の教養教育を推進する組織は、本書第二章で述べられた通り、1993年4月に設置された大学教育センター、2004年10月からは高等教育開発推進センター、そして現在は、2014年4月に同

第一部

センターを中心に改組・拡充された高度教養教育・学生支援機構である。この節では高度教養教育・学生支援機構が設立された経緯を紹介する。

1.1. 新執行部の立ち上げに当たって

第20代井上明久総長の任期が2012年3月31日で満了することから、2011年度に総長選考が行われ、第21代総長として当時本学の大学病院長であった里見進副学長（病院担当）が選出された。年度末までには新執行部体制が決まり、筆者は、教育・学生支援・教育国際交流担当の理事を拝命することになった。新体制が正式に発足する2012年4月を前に、新総長の‘要望’が記されたメモを基に、数次にわたる会合で新執行部が抱える課題の整理が行われた。この時取り上げられた教育に関する項目は、リベラルアーツ革新、アカデミックターム検討、国際交流、学生、教育学際センターなどである。以下、これらの課題を当時の会合資料[3]から簡潔に紹介する。

（1）リベラルアーツ革新（新設・増強案件）
1. 世界で渡り合うために必要なスキル・マインドを定義し、その要請に必要なプログラムや枠組みを設計
2. 英語習得に向けた TOEFL・TOEIC の進級要件化とその支援プログラムを設計
（2）アカデミックターム検討（新設・増強案件）
1. クォーター制を中心に、世界を先導するリーダーを輩出するために最もふさわしいアカデミックタームを設計
2. アカデミックタームに対応して志望者の真の能力や意欲を捉えられる新しい入試制度の検討と設計
（3）国際交流
1. 大学間交流の見直し、留学生の増加計画、情報（収集・発信）との連携。キャンパス計画も国際化の視点が必要

第三章　教養教育改革が目指すもの

（4）学生

　従来通り

（5）教育学際センター

　教養教育（筆者注：教養教育院のこと）等いろいろな組織があり、外から見て分かりにくい。再編を含め検討。事務職員の再配置も含め検討（筆者注：当時、表題の「教育学際センター」なる名称の組織はなく、再編後の組織名として挙げられたものと推察される。）

　これらの課題は、次節に述べる「里見ビジョン」に取り入れられ、後に具体的な施策が実行されていく。

　1.2.　里見ビジョンとグローバルビジョンの策定

　2012年4月1日より、里見新体制が動き出した。2012年度後半になると、里見総長時代にどのような大学を目指すのかを構成員に示すこととなり、井上前総長時代に策定した「井上プラン2007【東北大学アクションプラン】〜世界リーディング・ユニバーシティに向けて〜」[4]と同じ位置付けのプランである「里見ビジョン」をまとめることとした。そのため、2013年4月には、総長室が主導して基本的な考え方と7つのビジョン、そして主な重点戦略がまとめられた。これらを肉付けするとともに具体的な施策を決めて、さらに実現へのロードマップを作るため、11のワーキング・グループ（WG）が設置された[5]。

　教育に関する総長室の当初ビジョンは、「人間力・実践力を備え、人類社会に貢献できるグローバル人材の輩出」であった。重点戦略は、「教養教育の充実・強化」、「グローバル・カレッジの充実」、および「学生支援の充実・強化」である。そして前2者を議論するグループA（座長は総長特別補佐山口昌弘理学研究科・教授）と、学生支援を議論するグループB（総長特別補佐永富良一医工学研究科・教授）が設置され、活発な議論が行われた。

　「里見ビジョン」の素案は2013年7月5日に開催された臨時教育研究

49

第一部

評議会に提出され、最終案は同月 23 日に開催された臨時同評議会で承認された。8 月 7 日、里見総長が記者会見を行い、「里見ビジョン」を公表した。また、同月中には印刷物としても配布された[6]。

里見ビジョンは、東北大学を「人が集い、学び、創造する、世界に開かれた知の共同体」と位置づけ、「ワールドクラスへの飛躍」と「復興・新生の先導」を目指すと謳った。教育に関するビジョン（VISION 1）には、「学生が国際社会で力強く活躍できる人材へと成長していく場を創出します」とある。さらに、そのビジョン実現に向けて 3 つの重点戦略が立てられた。重点戦略 1 は、「グローバルリーダーを育成するための教養教育の充実を核とする教育改革」である。重点戦略 2 は、「グローバルな就学環境の整備」であり、そして重点戦略 3 は、「学生支援の充実・強化」である。重点戦略の下に、さらに主要施策が設けられ、工程表（ロードマップ）も策定された。

「里見ビジョン」の策定に続き、各部局におけるビジョン（部局ビジョン）の策定も行われた。これらは、翌年の 2014 年 5 月に、「東北大学グローバルビジョン」として公表された[7]。

1.3. 教養教育を担う新組織の立案

1.1 節で述べたように、里見新執行部は当初より様々な教育組織が存在し、教育実施体制が分かりにくいものであることを認識していた。以下、2014 年 4 月に新組織が発足するのだが、その前の年の 2013 年当時存在した教養教育に関連した組織と、それらの設置目的を紹介する。設置目的の出典は、2013 年度版「大学概要」[8]である。

（1）高等教育開発推進センター

「学内共同教育研究施設等」の一つであり、「高等教育等に関する研究開発、企画及び支援を行うとともに、併せて教育の内容及び教育方法の高度化を推進する」ことを目的として、大学教育センターに保健管理センター、学生相談所などを統合して 2004 年 10 月に設置された組織である。このセンターには業務を行う組織として、保健管理センター、学生

50

相談所、入試センター、キャリア支援センター、大学教育支援センター、そしてスチューデント・ラーニング・アドバイザーサポート室が設置されていた。

（2）国際交流センター

「特定事業組織」の一つであり、「本学の学生及び研究者の受け入れ、派遣、国際展開活動等の支援を行うとともに、外国人留学生及び外国人研究者に対する就学支援及び生活上の支援を行い、もって国際交流の推進を図る」目的で、留学生センターを改組して、2005 年 4 月に設置された組織である。

（3）高度イノベーション博士人財育成センター

「特定事業組織」の一つであり、「本学の若手研究者に対し、実務応用力、人間力及び実践力を培うとともに、そのキャリアの形成を支援することにより、業界の発展に貢献する広い視野と創造力を持つ人材を育成する」ことを目的として、2006 年に設置された「高度技術経営人材センター」を改組して 2009 年 6 月に設置された組織である。

（4）国際教育院

「特定事業組織」の一つであり、「関係部局、学務審議会と連携し、英語のみで学位が取得できるコース及び全学教育英語コースの企画、実施及び支援を行うことにより国際的な教育環境を整備し、並びに留学生の受け入れ体制の充実を図ることにより、本学の学生に対し国際的な視野、高度な教養及び専門的知識並びに確かな研究・実戦能力を身に付けさせ、国際社会で活躍する指導的人材の育成に資する」ことを目的として、2009 年に設置された組織である。文部科学省「大学の国際化のためのネットワーク形成推進事業（いわゆる G30 プログラム、2009 年度から2014 年度まで）」を推進するために設置されたものであり、理・工・農学部の 3 つの国際学士コースを担当する教員が所属する組織である。

（5）グローバルラーニングセンター

「特定事業組織」の一つであり、「関係部局、大学間交流協定締結校等と連携し、グローバルな人材を育成するための教育環境を整備すること

第一部

により、グローバルかつ予測困難な社会を牽引し、産学官のさまざまな分野で新しい価値を創造する指導的人材の育成に資する」ことを目的として、2012 年に設置された。文部科学省「経済社会の発展をけん引するグローバル人材育成支援事業（いわゆる Go Global Japan（GGJ）プログラム、2012 年度から 2016 年度まで）」を推進するために設置された組織である。

（6）教養教育院

本部直轄の組織であり、「本学の学生に対し幅広い教養を身に付けさせるため、高等教育開発推進センターと連携して教養教育の実施及び支援を行い、もって創造力豊かで高い問題解決能力を有する指導的人材の育成に資する」ことを目的として、2008 年に設置された組織である。本学名誉教授である総長特命教授と特任教員（教養教育）が所属している。

これらの組織をどのように再編するかについては、2012 年度後半より教育や学生支援関係の総長特別補佐、および高等教育開発センターの指導的立場にある先生方と、非公式な勉強会を開催していた。ここでの議論である程度の見通しが立ったことにより、2013 年度に入り「全学的教育・学生支援体制性検討ワーキング・グループ」を設置することとした[9]。WG の設置趣旨には、「人類社会を牽引するグローバル人材やイノベーション人材の養成は、『ワールドクラスへの飛躍』を目指す本学の責務である。これらの人材の養成に向けた教育改革の一環として、社会の動向等に機動的に対応し、専門教育の橋渡しとなる全学的教育・学生支援体制について検討する必要がある」と謳った。設置期間は 2013 年 6 月 1 日〜2014 年 3 月 31 日である。活動内容は、「（1）大学教育の根幹をなす『教養教育』の充実と強化、（2）教育の『国際化』と『グローバル化』の実現、（3）学生支援体制や高大接続の強化等の観点から、改めて、全学的教育・学生支援体制の基本的方向、及び組織の在り方について検討し、その具体案を提案する」としている。筆者をリーダーとし

第三章　教養教育改革が目指すもの

て、教育や学生支援、ならびに企画担当の総長特別補佐、高等教育開発
センター所属の先生方などの参加を得た。また、事務部からは、総務部
長、財務部長、教育・学生支援部長、総長室主任経営企画スタッフの陪
席を得た。

　既に述べているように、事前に検討していたこともあり、組織の改編
という非常に大きな課題であったが、6回の会合で最終案を得て、同年
9月には、「教養教育および学生支援のための新しい体制の整備につい
て──高度教養教育・学生支援機構の設置──」と題する報告書をまと
めることができた[10]。この最終案は同年11月19日開催の部局長連絡会
議・教育研究評議会合同会議で承認された。

　報告書に基づき具体的な新組織を設置するため、上記の合同会議で、
「東北大学高度教養教育・学生支援機構（仮称）設置準備委員会」が発
足した。座長は引き続き筆者が担当した。この委員会の議論を経て、2014
年3月6日に「高度教養教育・学生支援機構設置構想について」とする
報告書をまとめ、同年3月18日開催の部局長連絡会議・教育研究評議
会へ報告した。そして、先に述べた6つの教育組織を統合した新組織「高
度教養教育・学生支援機構」の、同年4月1日の発足が正式に決まった。

1.4.　高度教養教育・学生支援機構の組織構成

　本節では高度教養教育・学生支援機構の組織構成を紹介する。機構の
名称と設置目的は次のように規定された。「高度教養教育及び学生支援
に関する調査研究、企画及び提言並びにそれらの方法の開発及び実施を
関係部局との連携の下、一体的に行うことにより、本学の教育の質の向
上に寄与するために、学内共同教育研究施設等として、高度教養教育・
学生支援機構を設置する」（機構規定第2条）。

　機構には教育研究活動を行う3つの部門（その下に室）と教養教育院
を置き、さらに業務を行う業務センターを設置した（機構規定第8条、
第9条）。教員は、部門または教養教育院に所属するとともに、一つも
しくは複数の業務センターに所属することになる。この状態を'マトリッ

第一部

クス構造'と呼んだ。

　教員組織は、高等教育開発部門（入試開発室、高等教育開発室、国際化教育開発室、キャリア開発室）、教育内容開発部門（人間総合科学教育開発室、自然科学教育開発室、言語・文化教育開発室）、学生支援開発部門（臨床教育開発室、臨床医学開発室）の3部門9室と、教養教育院である。

　業務センターは11設けられたが、それらは以下の3つのカテゴリーに分類される。教育マネジメント関係（教育評価分析センター、大学教育支援センター、入試センター）、教育開発・実施関係（言語・文化教育センター、グローバルラーニングセンター、学際融合教育推進センター）、学習・学生支援関係（学習支援センター、キャリア支援センター、学生相談・特別支援センター、保健管理センター、課外・ボランティア活動支援センター）である。

第二節　東北大学が目指す教養教育

　前節では本学の教養教育を担う組織の変遷、特に高度教養教育・学生支援機構の設置の経緯を紹介した。当然のことながら、このような組織を構想したのは、本学の教養教育を含む教育全般に関する議論が根底にあってのことである。本節では、主に「全学的教育・学生支援体制検討ワーキング・グループ」の報告書を用いて、議論された内容を紹介する。

　報告書の構成は、1. 提案の背景、2. 改革の基本方向、3. 全学的教育・学習マネジメント体制の構築と教育改革の推進、4. 今後の課題と継続的に検討すべき課題、という4章構成となっている。ここでは、教育内容の議論と新組織の構成に重点を置いて紹介することとし、以下、報告書の1章と2章を本稿の2.1と2.2の節で、3章の（1）～（5）を2.3節で紹介する。報告書の3章（5）～（8）および4章は本稿では割愛する。なお、ここでは、報告書の記載内容を可能な限り簡略化した記述としたが、分かりやすくするため言葉を補ったところもある。また、2.4節は報告書から離れて、機構設置後の人員と予算措置について触れた。

54

2.1. 改革の背景

2.1.1. グローバル人材の必要性

現代社会は環境問題をはじめとする地球規模の課題を数多く抱えている。したがって、大学が果たすべき役割は極めて大きい。大学は、人類社会の持続可能性を広げる新しい知の創造と、新しい価値を創出できる人材の育成をいっそう進めなければならない。本学は、里見ビジョンで「現代的課題に挑戦する先端的で創造的な高度教養教育の確立・展開」を掲げ、専門教育との連携を進め、高度な専門性と分野を超えた鳥瞰力を持ち、新しい価値を創出できる人材育成を進めることを謳っている。高度教養教育実現のために、教養教育と学生支援のための新しい体制の整備強化をする必要がある。

2.1.2. 大学教育転換の必要性

グローバル化された社会では、新たな知識の創造と流通が急速に進む。このため、知識の伝達と技能の形成を主目的とする従来型の教育は陳腐化し、激動する社会には通用しない。今、求められているのは、知識の獲得それ自体ではなく、生涯にわたって学習し成長する基盤となる能力の形成である。大学教育がこのような人材を育成するためには、次のような転換が求められている。

（ア）教育内容では、教養教育の内容を高度化し、関連分野を総合した学習や分野を超えた学際融合的学習を提供し、幅広く深い知識を構造化した能力形成を進めなければならない。人類社会の課題は、個別専門分野の研究課題として現れるわけではなく、課題全体を把握する鳥瞰的能力が求められるからである。

（イ）カリキュラムでは、学士課程前期のみで教養教育を行う構造を改め、大学院まで教養教育と専門教育の併存を進める必要がある。語学教育も含め、国際社会で活躍するコミュニケーション能力、問題解決能力、リーダーシップ力なども含め、修学期間全体を通して養うカリキュラムが求められる。

第一部

（ウ）教育方法では、学習者の主体的自律的活動への転換が求められる。アクティブ・ラーニング（AL）を拡大し、課題解決型学習（Problem-based Learning：PBL）や課題探求型学習（Inquiry-based Learning：IBL）が導入されるべきである。

（エ）学生の学習活動は、正課教育の枠組みだけで行われているのではなく、課外活動や非正課教育を含むキャンパス全体に波及している。グローバル人材として求められている能力は、異文化理解を踏まえ異質な集団の中で協働する能力でもあり、キャンパス全体を学習空間として位置付け、他の学生や教員・教務系職員、図書館職員、情報教育関係職員との連携・協力による全学的体制を構築する必要性がある。

（オ）社会との接続関係を強化したカリキュラムを構築しなければならない。グローバル人材育成の重点は大学院教育であるが、現在はアカデミック・プログラムのみに重点が置かれ、社会の多様な需要に応える人材育成プログラムの提供が不十分である。本学では、大学教員準備プログラムや高度技術経営塾等各種のプログラムが実施されており、これらの部局横断的プログラムを全学的に推進する必要性がある。

2.1.3. 東北大学における教育改革の必要性

　本学は、1991年の大学設置基準大綱化以後、試行錯誤を経ながら「全学教育改革検討委員会報告」（2000年4月18日評議会承認）[11]に基づき全学教育実施体制を構築し、運用してきた。教育担当理事の下に、学務審議会、入学試験審議会、学生生活協議会、学生支援審議会の3審議会1協議会を設置し、学生支援・教育関係事項を審議し、部局との連絡・調整を図り教育推進を行ってきた。

　全学教育の実施は、学務審議会に科目委員会を設置し、全学的な出動体制によって担われてきた。また、これら各種審議会を支援するため高等教育開発推進センターを設置し、高等教育の開発をはじめ、全学教育

第三章　教養教育改革が目指すもの

の水準維持・向上への努力を行ってきた。さらに、教養教育重視のために教養教育院を設置し、総長特命教授・特任教員制度により、教養教育の充実を図ってきた。この仕組みは大きな役割を果たし、今後も維持・継続すべきであるが、諸課題を実現するためには不十分であり、教育体制を再構築し以下のような教育改革の実現を図ることが必要である。

　第1に、全学出動方式と学務審議会・科目委員会による全学教育体制は、定常的に教育を運営し持続的な改善を行う上で大きな役割を果たし今後も維持すべきであるが、高度知識人材、グローバル人材育成のためには、研究科・学部など専門分野の組織単位に基づく教育だけでなく、学際・融合分野など全学的な協力・連携による教育を推進するマネジメント体制が求められている。

　第2に、グローバル化のもとで世界水準の大学教育が求められており、学生が獲得する能力と学習成果を明確にした教育を推進するためには、高等教育の研究・開発・実施・点検評価・改善機能を強化し、全学の教育資源を活用した教育改革を推進する必要がある。高等教育の国際的動向の調査分析、学生の発達や入学前のレディネスの把握、ITの利活用やアクティブ・ラーニングなど教授技術の革新をはじめとし、高等教育に関する持続的な研究・開発を通じてたえず改善と充実を図ることが必要であり、大学全体の教育資源を活用した教育改革と改善の推進が必要である。

　第3に、教育組織がこの間分立しており、これらの組織を統合し効果的に教育改革を推進する必要がある。すなわち、学内共同教育研究施設である高等教育開発推進センター、特定事業組織である国際交流センター、国際教育院、高度イノベーション博士人財育成センター、本部直轄組織の教養教育院などが存在する。これは、現在でも相互に連携関係を強めており、統合することで人的資源の集積効果を高め、範囲の経済と規模の経済を活かした相乗効果を発揮することができる。

57

第一部

2.2. 改革の基本方向

2.2.1. 東北大学が育てるべき能力像

教育改革の基本は、育てる人材と能力像の明確化である。里見ビジョンが示す人材像の具体的な能力として、以下の6つのキィ・コンピテンシーを重視する。

①**専門力**：専門とする学術分野を深く理解できる力
②**鳥瞰力**：より幅広い多面的な視点から物事を見ることができ、多様な尺度で判断できる力
③**問題発見・解決力**：多面的思考により問題の所在を突き止めて、問題解決に向けて果敢に挑戦し、新しい状況や価値を創造できる力
④**異文化・国際理解力**：日本の歴史と文化を理解し日本人としてのアイデンティティを持つとともに、他の国や地域の歴史と文化を理解し、尊重する力
⑤**コミュニケーション力**：日本人や外国人を問わず他者と意思疎通を図ることができる語学力・プレゼンテーション力・ライティング力
⑥**リーダーシップ力**：他者との深いコミュニケーションを基に協働しつつ、積極的にリーダーとして課題を解決・克服していく力

これら6つのキィ・コンピテンシーは、生涯を通じて発達していくものであり、大学ではその基礎を形成することが求められる。特に、本学のように大学院進学率が高い研究大学においては、学士課程・大学院教育課程を通じてキィ・コンピテンシーの発達の現状を把握し、データに基づいて能力発達を促進する教育のあり方を追求していくことが重要である。

2.2.2. 学士課程教育の段階での現状と課題

「第1回　東北大学の教育と学修成果に関する調査」[12] は、学生が学士課程修了時に、自らの学修成果をどのように認識しているかを明らかに

したものであり、その結果から、次のような課題があることが分かった。

①幅広い教養、分析力・問題解決能力、専門分野の知識に関しては、学生のほとんどが本学の教育の前と後では増加したと回答し、知識の習得に成果があった。

②しかし、地域社会が直面する問題、国民が直面する問題、グローバルな問題に関する知識について増加したと回答する学生は、半数を超える程度かそれ以下であり、地域社会の問題についての知識が増加したとする学生が三分の一程度に留まる学部もある。学士課程教育において、人類社会が直面する諸課題についての認識が十分に深まっていない。

③異文化・国際理解力にかかわる異文化の人々との協力や外国語運用能力は、いずれも6割以下の比率でグローバル化した社会を担う上で不可欠な能力が十分に育っていない。

④協力して物事を遂行する能力は、大部分の学生が増加したと回答しているが、リーダーシップ能力が増加したと回答する学生はほぼ半数であるか、それ以下の比率の学部もある。協力的ではあるが、主体的に社会のリーダーとして活躍する積極性が十分育っていない。

一方、学生の学習成果は、さまざまな要因が重なってもたらされるものである。授業での活動と授業以外での活動に関する回答から、次のことが指摘できる。

①学生は、伝達型で受動的な授業だけでなく、主体的な学習活動も行っている。「文献・資料の調査」、「定期的な小テストやレポート」、「自分の考えや研究を発表」、「図書館の資料の利用」、「ウェブの利用」などは、その表れである。

②しかし、理解を深めるために不可欠な協働学習の経験は全般的に弱い。「授業中の学生同士の議論」、「授業時間内に授業内容について教員との議論」、「授業時間内に授業内容について学生同士で議論」、「授業時間外に授業内容について教員との議論」などを行った学生の比率は高くはない。

第一部

③自ら課題を設定する課題探求型学習の経験は、「授業で検討するテーマを学生が設定する」、「教員の研究プロジェクトへの参加」、「単位と関係ない自主的な勉強会への参加」も高い比率とは言えず、学士課程において探究的に学ぶ機会は十分に与えられていない。

④異文化・国際理解力を形成する機会として、「留学生と一緒に学んだ」や「語学の授業以外で外国語による議論や発表」の機会も少なく、全般的に学習経験が不足している。

⑤東北大学の学習に関しては、ほとんどの項目で過半の学生が満足しているが、「英語の授業」や「外国語運用能力」の獲得に不十分さがあり、異文化・国際理解力の機会も十分とは言えない現状では、外国語教育・異文化理解教育の抜本的な改革が必要と言えよう。

⑥学習についての満足度は高い一方で、人類社会の課題についての知識が不十分であり、リーダーシップ能力の形成も高くないということは、学生がこれらの能力の必要性について十分に理解せず、問題意識や自己形成の意欲が明確でないまま、学士課程教育を受容している結果とも言える。

2.2.3. 大学院教育における現状と課題

2.2.1 節で述べたキィ・コンピテンシーは、学士課程教育だけで完成するものではなく、大学院教育においても育むものであり、これまでも本学は努力してきた。その結果と課題は、学務審議会「大学院教育のあり方ワーキング・グループ」の「東北大学　大学院生の学習・研究環境に関する報告書」[13]に基づいて次のように整理することが出来る。

①**専門力**の獲得については、ほぼ達成されているものの、それ以外の取り組みは以下に述べるように未だ十分とは言えない。

②**鳥瞰力**を獲得させる教育は、学際融合型授業科目を国際高等研究教育院などで一部提供しているものの、学士課程も大学院課程でも全学的には実施されてはいない。今後、国際高等研究教育院のプログ

第三章　教養教育改革が目指すもの

ラムを土台に、全部局で学士課程・大学院課程双方に学際融合型・課題探求型学習科目を導入すべきである。

③**問題発見・解決力**の教育は、初年次基礎ゼミの一部クラスで実施しているが、高年次や全学的な取り組みは行われていない。今後、探求型学習を導入・実施し、初年次基礎ゼミに続く展開ゼミの本格的導入を目指し、また学士・大学院課程への学際融合科目の開発・導入を進めるべきである。

④**異文化・国際理解力**については、外国語科目は学士課程 2 年目まで、短期留学プログラム・国際共修ゼミの導入は既に行われているが、未だ開発途上にあり、質・量ともに不十分である。今後、高年次外国語科目を開設するのに加え、短期留学プログラムを開発し、学士課程前期で毎年 500 名規模の学生派遣や、国際共修ゼミの拡大強化を行うべきである。

⑤**コミュニケーション力**については、語学教育の充実、TOEFL-ITP の 1・2・4 年次への導入、プレゼンテーション力、ライティング力向上のための対応は、一部部局が試行しているに過ぎない。今後、プレゼンテーション力、ライティング力を向上させる取り組みを強化すべきである。

⑥**リーダーシップ力**の教育は、高度イノベーション博士人財育成センター「高度技術経営塾」で社会人基礎力養成を実施しているが量的には不十分である（50 人／年）。今後、高度技術経営塾での活動を倍増し、さらに探求型学習を全学で導入して対応していくべきである。

2.3. 全学的教育・学習マネジメント体制の構築と教育改革の推進

前節で述べた高度教養教育の開発と実施を内容面と制度面で担保すべく、教育改革における 6 つの基本方針を立てる。

第一部

2.3.1. 6つの基本方針
①全学的な教育・学習マネジメント体制の強化
②高度教養教育・学生支援機構の創設（関連組織の統合・再編）
③部局の教育・学習マネジメント機能の強化と連携の構築
④組織的な「高度教養教育」の開発と実施
⑤「ラーニング・コモンズ」キャンパスの構築
⑥キャリア・ステージに対応した教育能力向上の支援

2.3.2. 教育改革推進本部の役割および構成
　全学的なビジョンに基づく教育改革推進を使命とする組織として「教育改革本部」を置く。総長が本部長となり、教育担当理事を副本部長とするほか、教育・学生支援に関する理事、総長補佐、部局長、教育・学生支援部長を部員とする。
　その主な役割は、大学教育改革に関する国内外の動向・情報の共有、東北大学の教育・学習に関する到達状況と課題の明確化、中期目標・計画における教育に関する目標・計画の実施のための方策の立案・審議、高度教養教育・学生支援機構および各部局と連携した高度教養教育の推進である。

2.3.3. 高度教養教育・学生支援機構の役割および構成
　高度教養教育・学生支援機構（以下、機構）には、教員の専門性に対応する教員組織として部門・室および教養教育院を、また、研究開発と教育活動・学生支援を行う組織単位として、業務センターを設置する。教員は機構の部門・室若しくは教養教育院に所属し、研究・開発および全学教育の実施を担うとともに、業務センターの業務を担当する。教員は、その専門や適性に応じて、複数の業務センターに所属する。このような内部組織と業務センターというマトリックス構造を取ることにより、①必要性に対応した柔軟な組織編成、②部門・室の縦割り構造を超えて多様な専門の教員が連携・協力、③意思決定と実施を簡素化し、変

化に対応といったメリットを享受することができる。

　反面、①構成員が二重の組織ラインに置かれる、②組織間のパワーバランスを維持するための努力が必要、③構成員がシステムをよく理解して同僚間の協力関係を構築しないと機能しない、といった課題を持つ。

　したがって、機構の内部運営は、機構長・部門長・センター長による運営委員会を中心に、定期的に教員会議を行い、組織の理念と課題を共有するなど、持続的恒常的な能力開発活動を行う必要がある。

2.3.4. 業務センターの構成

　設置する 11 の業務センターの「役割」は以下の通りである。なお、各センターにどのような分野の教員が配置される必要があるかを記載した「構成」の部分は省略する。また、WG 記載のセンター名と実際に設置されたセンター名が異なるものがあるので、異なる場合は括弧書きで実際に設置されたセンター名を記す。

○教育情報・評価改善センター（新設）（**教育評価分析センター**）
　各部局との連携を図り、国内外の高等教育の動向および全学的な教育情報の収集・分析を通じて課題を抽出し（IR 機能）、さらに、その解決の方策を検討し、教育改革推進本部における教育方針の策定、学務審議会の支援を行う。学務審議会、教育情報・評価改善委員会および教育・学生支援部教務課、各部局の教育・学習マネジメント組織と強い連携を構築する。

○大学教育開発支援センター（改組拡充）（**大学教育支援センター**）
　大学教育内容・方法の開発に重点を置いた Center of Teaching and Learning とする。特に、IBL・PBL をターゲットとして他のセンターと協力した研究・開発活動を推進し、教育改革の実質をあげるために教職員訓練など機構の機能強化も行う。

○語学教育・異文化教育センター（新設）（**言語・文化教育センター**）
　学士課程教育における語学教育の先端的方法の開発・提供、および、

異文化・国際共修教育など、異文化理解とコミュニケーション力の強化の役割を担う。

○**教育国際化推進センター**（改組拡充）（**グローバルラーニングセンター**）

教育国際化推進のために、大学国際化戦略、ワールドクラスユニバーシティ構築方策、国際交流プログラム、留学生教育、国際理解教育などの研究・開発・実施、各種の海外派遣プログラムや留学生受け入れプログラムの開発・実施、留学増大のための啓発・広報活動等キャンパス国際化のための事業を行う。

○**学際融合教育推進センター**（新設）

全学教育の分野別教育を開発・提供するとともに、各専門分野内の総合科目（自然科学、人文科学、社会科学）、分野を超えて人類社会の課題に応える学際融合型教育科目（持続的成長のための教育；Education for Sustainable Development など）の開発・実施を行う。さらに、これらの科目を英語でも提供し、国際的視野で推進する。

○**ライティング・学習支援センター**（改組拡充）（**学習支援センター**）

高校教育から大学教育へスムーズに移行し、大学での自律的な学習方法を習得させるため、学士課程前期を中心とする個別対応型学習支援、授業連携型学習支援、自主ゼミ支援等、各種支援プログラムの開発・実施、ライティング力向上プログラムの開発・実施を行う。

○**入試・社会連携センター**（改組拡充）（**入試センター**）

将来性ある優秀な学生の入学を図るため、学部・研究科の多様な入試の分析、追跡調査などを行うとともに、高大接続・入試に関する調査研究を推進し、さらにはアウトリーチ活動など高校と大学の連携を進める業務を実施する。

○**キャリア開発・支援センター**（改組拡充）（**キャリア支援センター**）

高度イノベーション博士人財育成センターのプログラムを含む学士課程・大学院におけるキャリア開発プログラムの実施、および就職支援を行う。特に、大学院博士課程後期において、社会の多様な必

要に応える各種キャリア開発プログラムの構築・実施と就職支援活動を行う。

○**学生相談・特別支援センター**（改組拡充）

学生発達に関する調査研究、ハラスメント・学生生活不適合などへの学生相談、発達障害学生への支援、教員の学生指導への支援・助言を総合的に推進する。

○**保健管理・指導センター**（改組拡充）（**保健管理センター**）

定期健康診断、特殊健康診断、健康相談・診療、保健教育・指導の開発・実施を行う。

○**課外活動・ボランティア活動支援センター**（新設）（**課外・ボランティア活動支援センター**）

学友会に所属する学生団体による自主的な課外活動、東日本大震災による被害を受け地域の復興支援のためにボランティア活動を行う学生団体等を支援する。また、これら課外活動施設は正規の授業において利用されており、その維持・管理・整備も必要な役割となる。

2.4. 機構設置後の動き

この節は報告書から離れて、機構の人員配置と、予算措置の一端を参考のため紹介する。

高度教養教育・学生支援機構は全学の支援を得て 2014 年 4 月に発足した。教員の定員（配置定員と中央枠教員等）は、統合した既存組織の配置定員に加えて 30 名の増員が認められ、計 97 名となった。増員された 30 名の内訳は、他部局からの配置換えが 17 名、組織立ち上げ時の本部からの支援が 13 名である。この純増 30 名の人事は、機構設置後順調に進み、2016 年度末までにはほぼ終了している。

運営経費の面でも好転した事情があった。機構が発足した 2014 年に、文部科学省補助金事業「国立大学改革強化経費」に「全学的教育・学習マネジメントの構築による高度教養教育の推進」と題する計画を申請したところ、6 年間の事業として採択された。この補助金は 2016 年に運

第一部

営費交付金化され、自由な裁量による経費執行が可能となり、さまざまな活動に充てることが可能となった。さらに 2017 年には、この経費は基幹経費化され、期限のない恒久的な経費となった。これに伴い、当面の措置として大学本部から支援されていた 13 名の教員は、正式に機構の配置定員に組み入れられた。

第三節　教育システムや教育施設等の整備状況

　これまで述べてきた組織の整備とともに、'教育システム'の改革や教育施設・設備の整備・更新も同時に行われてきた。教育改革を支える教育基盤の整備である。教育システムの改革では、シラバス記載内容の整備・充実と英文併記化（2015 年度）、GPA（Grade Point Average）制度の導入（2016 年度）、科目ナンバリング制度の導入（2016 年度）、柔軟な学事暦・クォーター制の導入（2017 年度、3 年間は試行）などである。

　また、大型の教育設備の整備も行われてきた。学生情報と教務・学務情報の全般を総合的に扱う「学務情報システム」の導入（2014 年度）、「東北大学インターネットスクール（ISTU）」設備の更新（2014 年度）、語学教育で多用されている「CALL システム」の更新（2015 年度）、川内北キャンパス講義棟 A〜C とマルチメディア棟のすべての講義室の授業を録画して配信することのできる「授業録画配信システム」の導入（2016 年度、2017 年度から正式運用）などである。

　さらに、老朽化した教育施設や厚生施設の計画的な整備も、「全学的教育・厚生施設整備経費」の措置により行われた。この整備は 5 年を 1 期とする計画で、第 1 期が 2008 年度から 2012 年度まで、第 2 期が 2013 年度から 2017 年度までである。「教育環境」、「正規施設」、「課外活動施設」、「学生寄宿舎」、「安全・安心なキャンパス」の 5 つのカテゴリーで整備が行われた。この整備で、とりわけ川内北キャンパスにおける食堂などの厚生施設や、運動場の人工芝化など課外活動施設の整備が、格段に進むこととなった。この整備は 2018 年度から 2022 年度までの第 3 期

第三章　教養教育改革が目指すもの

も、継続して行われることになっている。

おわりに　東北大学教養教育のこれから─残された課題─

　これまで進めてきた全学（教養）教育改革であるが、本学にとって改革の本丸とも言えるもっとも重要な 2 つの課題を積み残していることを、ここで指摘しておく必要があろう。すなわち、(1) 全学教育カリキュラム体系と、(2) 全学教育担当教員の出動体制の抜本的改革である。これらの課題は、近年行われてきた種々の整備や変革がなされたからこそ、次に早急に改革すべきものとして眼前に現れたとも言える。そして、この 2 つの課題は連立方程式を解くように、同時に行う必要があると筆者は考えている。

　まず、第 1 の全学教育カリキュラム体系の抜本的改革についてである。現在の全学教育カリキュラム体系は、2.1.3 節で述べた「全学教育改革検討委員会報告」（2000 年 4 月 18 日評議会承認）に基づいている。すなわち、科目を「基幹科目」、「展開科目」、「共通科目」に区分し、この中に種々の授業科目を配置する。各部局は、メニューの中から各部局が取得してほしい単位数を学生に指示しているのである。

　その後、大学 GP（Good Practice）プログラムや COE（Center of Excellence）プログラムが走り、さらには大学のグローバル化促進のためのプログラムが走る中、多数の‘現代的’な授業科目が開発されてきた。とりわけ、大学のグローバル化を推し進める中で、外国人留学生と日本人学生の共修授業科目が開発され、また、アカデミアやビジネスの分野では世界共通語となっている英語の 4 技能の修得が叫ばれる中、工夫を凝らした語学の授業科目も開発されてきた。さらに、この間研究不正問題が顕在化したことで、大学院では研究に関する倫理教育の重要性が、学部教育では学修に関する倫理教育の重要性が叫ばれてきた。

　このような状況の中で、現在の全学教育カリキュラム体系を抜本的に見直す時期に来ている。見直しにあたっては、全学（教養）教育は学士課程前期、入学後の 1 年半から 2 年で終え、学士課程後期からは専門教

67

第一部

育であるとする考え方（体系）も改めなければならない。教養教育は、学士課程全体を通して、さらには大学院課程においても重要なのである。この改革は全学教育と専門教育の一体となった改革が前提であり、各部局の協力が必須であることはいうまでもない。

　次に第2の全学教育担当教員の出動体制の抜本的改革についてである、既述の通り、第1の改革と絡めて、期を一にして行う必要があろう。現在、全学教育を担当する教員は、'分属分担原則'により担当している。分属分担原則とは、教養部の廃止にあたり、教養部所属の教員は各部局へと配置換えとなったが、この教員数に比例して各部局への割り当てコマ数が決まる、というものである。組織の変更や配置換えなどでの変更はあるものの、2000年度以来長年にわたりこの原則が適用されてきた。

　しかしながら、1993年4月の教養部の廃止以降四半世紀が過ぎた現在、当時分属していた教員は既に代替わりをし、各部局では、各部局で重要あるいは必要とする学問分野を担う教員がその後を継いでいる。したがって、当初分属していた教員の担当授業科目を、後任の教員がそのまま継続してできるとは限らない事態が生まれている。実際、外国語教員が文理学際型の部局に分属したケースがあり、後任教員の専門分野の関係で、その部局で分担コマ数をこなすことが不可能となる事例が発生している。このようなことは、当該部局はもちろん、大学全体としても大きな損失である。

　分属分担原則の見直しは、各部局の全学教育への負担の変更に他ならず、部局の利害関係が対立する案件である。しかしながら、本学の教育をさらに飛躍的に良いものへと向上させるためにも、改革を成し遂げるべき課題である。

　学生に最高の教育を行うためには、との観点で、ここに述べたこの困難な課題を速やかに解決してほしいと願い、本稿の筆を置くことにする。

第三章　教養教育改革が目指すもの

【引用文献と資料】

（1）森田康夫、2018：第一章　教養教育の歴史。東北大学教養教育叢書「大学と教養」、『第1巻　教養と学問』、東北大学出版会、p.3-p.31。

（2）木島明博、2018：第二章　東北大学と教養教育　―東北大学における教養教育改革の取り組み―。東北大学教養教育叢書「大学と教養」、『第1巻　教養と学問』、東北大学出版会、p.33-p.46。

（3）「平成24年3月24日（土）新体制打ち合わせ」配布資料

（4）東北大学総長室、2007：井上プラン2007【東北大学アクションプラン】〜世界リーディング・ユニバーシティに向けて〜。pp.19。

（5）平成25年4月23日開催の運営企画会議資料「2. 里見ビジョンの策定に向けて」（p.5〜p.14）

（6）東北大学総長室、2013：里見ビジョン（SATOMI VISION 2013）。pp.24。

（7）東北大学総長室、2014：東北大学グローバルビジョン（TOHOKU UNIVERSITY GLOBAL VISION）。pp.65。

（8）東北大学総務部広報課、2013：東北大学概要2013。pp.74。

（9）平成25年5月21日開催の部局長連絡会議資料「11. プロジェクト・チーム設置申請書」（p.400〜p.401）

（10）全学的教育・学生支援体制検討ワーキング・グループ、2013：教養教育および学生支援のための新しい体制の整備について　―高度教養教育・学生支援機構の設置―。pp.21。

（11）全学教育改革検討委員会、2000：全学教育改革検討委員会報告。pp.93。

（12）東北大学学務審議会・高等教育開発推進センター編、2014：第1回東北大学の教育と学修成果に関する調査報告書。pp.116。

（13）学務審議会・大学院教育のあり方に関する検討ワーキング・グループ、2009：大学院生の学習・研究環境に関する報告書。pp.148。

第二部

第四章　教養と英語

浅川　照夫

はじめに

　世界の言語の数は五千とも六千ともいわれている。そのなかで、英語は特別な存在である。現在、世界で英語を母語としているのは約三・五億人、第二言語としているのがほぼ同数、外国語として学んでいるのが約七・五億人と推定され、地球の総人口の四分の一が何らかの形で英語を使っているのである。たかが四分の一、残り四分の三の多くは英語を知らないわけで、しかも、母語話者の人口でいえば、中国語、ヒンディー語を話す人びとのほうが圧倒的に多いのであるから、数字からみれば、英語を世界の共通語であるというのは、どうしても憚られる。では、どこが特別かといえば、使用されている国と領域において、英語ほど広範囲に使われている自然言語はないのである。とくに学問研究、国際会議、世界経済の場で、英語がすでに共通言語になっているのは誰も否定しないだろう。英語がリンガ・フランカ（a lingua franca）といわれるゆえんである。

　しかし、英語がリンガ・フランカとしての地位を獲得したその裏には、イギリスとアメリカが政治、経済、軍事的に世界を支配してきたという歴史的事実がある。そのため、英語は「支配的な言語（a dominant language）」、「帝国主義者の言語（an imperialist language）」ともいわれ、厳しい目を向けられている。とはいえ、世界の人びとが言語の違いを超えて交流するとき、また自己の主張を世界に訴えるときに使用する言語は、いまは英語しか考えられないのも事実である。

　なぜ英語を学ぶのだろうか。単位を取るため、専門研究のため、教養のため、つまり自分のためだけだろうか。世界は貧困、内乱、難民、地

第二部

球温暖化、マイノリティ差別など多くの問題であふれている。それらを解決するためには、人との対話は欠かせない。そして対話には共通の言語が必要である。そういう意味では、英語はいま「問題解決のための言語（a language of problem-solving）」として欠かせないものになっている。なぜ英語を選択して勉強するのか、大きな視野から考えてみるのも無駄ではないと思われる。

　学習の動機づけには三種類あるといわれている（Deci et al 1995 参照）。英語を全く勉強する気がないのに学ばされているのが「無動機（amotivation）」、英語にかかわる活動に強い関心があるから英語を学ぶのが「内発的動機づけ（intrinsic motivation）」、外からの要請によって英語を学ぶのが「外発的動機づけ（extrinsic motivation）」である。外発的動機づけには段階があって、たとえば英語の単位を取るためといっても、必修だからしぶしぶ勉強する場合、のちのち困らないように勉強する場合、海外留学のための必須要件だから勉強する場合とでは、学習に対する意志決定の強さが違ってくる。当然、意志が強ければ強いほど、学習効果もあがるはずである。ある調査結果によると、外国語が一番上達するのは、内発的動機づけを長く維持し続ける場合だという。「好きこそものの上手なれ（Do what you love and the money will follow）」ということだろう。外国語は、無動機は論外として、強い動機づけを保って学習し続けることが大切である。いかなる動機からであろうと、外国語は本気で勉強を続ければ、時間に比例して必ず力はついてくるものである。

第一節　コミュニケーション能力を伸ばそう

　外国語学習というと、とかく、聞けて話せることと読めて書けることとを区別して、このふたつをまるでことばの別次元のように捉える傾向がある。とくに、教育が進むにつれてこの傾向が強くなるようである。最も顕著な形で現れているのが、日本の英語教育論争の場においてである。聞いて話すのが不自由だと世界の人びとと心でつながることができ

第四章　教養と英語

ないし、本を読むのが苦痛だと世界の思想の豊かさを知ることができないのに、コミュニケーション重視派と文法訳読重視派が、我こそが外国語学習の王道だと主張して一歩も譲らない言い争いを繰り返しているのは、本当に残念である。

　外国語ができる人とは、聞く・話す・読む・書くの四技能に満遍なく優れていて、さらに異なる文化に育った人びとの世界観に共感できる能力を持っている人のことである。非常に高い理想を掲げているようだが、自分の母語を考えてみればわかるように、ごく当たり前のことを言っているに過ぎない。外国語も世界の人びとの母語である。単なる記号体系としてではなく人間のことばとして学ぶのであるから、聞けて話せるようになるのが当然だし、社会生活を送るうえでは読めて書けるというのは極めて大事なことなのである。外国語学習では、四技能のうちのどれか一つ二つでなく、みんな大事であるという心構えが大切である。もちろん、外国語は自分の母語ではないから、どれか一つの技能を重点的に勉強して、他は軽視しても構いはしない。しかし、最近は要求される水準がかなり高く、四技能の四輪駆動走行ができないと通用しなくなっているのも事実である。

　とはいえ、二十一世紀のいま、教養における外国語の位置づけを考えるにあたり、「外国語の勉強で一番大切なことは何ですか」と問われれば、私は躊躇なく「まず相手の言っていることが聞いてわかること、そして言いたいことが言えることです」と答える。理由は単純で、日本人大学生の読む力と聞く・話す力のバランスが非常に悪いからである。読む力に比べて、聞く力と話す力が非常に劣るのである。他にも大事なものがたくさんあるのは分かっているが、弱点をそのままに捨て置いていいはずがない。

　読むことを軽視しているのではない。読む力をできる限り伸ばすことが外国語学習の基本であることは心得ておきたい。ただし、すばやくかつ正確に読めるように、である。読む力があるということは、文法をきちんと理解していることであり、知っている単語の数も多いということ

75

第二部

である。文法と語彙が充分ならば、聞くにしても話すにしても書くにしても、あまり不自由を感じることはないだろう。日本語なまりなど気にせず、ゆっくりと堂々と話せばいい。文法的に正しい英語を書くように心がければ、少々時間がかかっても構わないだろう。相手の言っていることが分からなかったら、ゆっくり話してもらえばいい。しかし、それでも、上の理由で、聞く力を一番目に、話す力を二番目に置きたい。

　話をするときのことを考えてみよう。考えながらことばを一つひとつ探していって、ゆっくり話しても、この人はこういう話し方をする人なのだと、個性として許容されるものである。しかし、聞く場合となると事情は大きく異なる。一日の生活を考えると、耳から情報をキャッチしなければならない場面がいかに多いことか。しかもほとんどの場合、ことばは普通のスピードで、単語の難易度などに関係なく、遠慮会釈なしに耳に飛び込んでくる。ぼんやりして耳に入ってこないことはよくあることだから、それはそれで構わないが、耳を傾けているのによく分からないのでは困るのである。もう少しゆっくり話してくれませんか、と頼める場面は非常に少なく、いつでも誰にでも言えるというものではない。また、ゆっくり話してくれと言われたほうの立場になると、ただスピードを落とすだけでいいのか、単語を一つひとつ区切るのか、違うことばで言い替えるのか、なかなか判然としないものである。英語が聞けることとは、ごく自然なスピードで話される英語を初めて聴いて 70 パーセント以上は理解できることと受けとめておく必要がある。

　読む力と聞く力の重要度を比較するために「読んで分からないものは聞いて分かるはずがない」と言われることがある。まさに真理をついている。しかし、比較するのであれば、あわせて「読んで分かるものは聞いても分からなければならない」ということばも並べておかないと、聞く力のほうに不公平である。母語の場合ならどちらも問題なしなのだが、とくに日本人の英語の場合を考えると、読めば百パーセントわかるのに聞いたら半分もわからない、というのが実情ではないかと思う。英語はラテン語とはちがう。いま世界のどこかで生きている人の母語なのであ

る。生きている言語である限り、音声を無視した言語学習はありえない。自分は学問をするのだから読めて書ければいいでは済まされないのである。外国語学習のどの段階であっても、今の自分の文法と語彙のレベルで読んですぐ分かるものは聞いてもすぐ分かる、という能力のバランスを心がけるべきである。

第二節　英語会話は簡単なのか？

　外国語に対する言語観は人それぞれで、傍からとやかく言えるものではない。しかし、気になるのは、少なからぬ人びとのなかに、聞き話すことにワンランク下の評価をつける人がいることである。たとえば、次のことばなど。

　　野崎：アンドレ・ブルトンの作品で翻訳が出ていないのがたくさんあ
　　　　　る。何としても読みたい。それを読むことを先決問題としてやって
　　　　　いても、日常会話に降りていくことはまあ不可能ではないと。でも、
　　　　　一般には逆の道がいいんだろうとは思うけど。
　　斉藤：その降りていくという表現はいいな。その比喩好きだな。要す
　　　　　るに、そこまで志の高い人は、日常会話なんて降りていけばいいだ
　　　　　けですよ。階段の下がちょっとすかすかだと。そうしたらそこを埋
　　　　　めればいいだけの話で、それはそんなにむずかしくないと思うんだ
　　　　　けど。（斉藤・野崎 2004：17-18）

　　　日本で延々と学校英語を学ぶより留学の方が手っ取り早い。自分の
　　体験でいえば、会話英語ならばしばらく英語だけの世界に入ってしま
　　えば、二、三ヶ月で覚えてしまうもの。（文芸春秋 2014.2：451）

　確かに、日常会話など、降りていけばすむだけだったり、わずか数か月でマスターできるものならば、時間をかけて努力する価値などまったくない。しかし、日常会話といえど、Could you tell me how to get to

第二部

the station? などの決まり文句だけで成立するわけもなく、大半の日本人にとって外国語で会話をするのはそんなにやさしいことではない。テレビドラマを批評しあったり、小さい事件の噂話に一喜一憂したり、こんな単純な日常会話ですら、相手が話していることを理解するのに精一杯で、自分の言いたいことの半分も言えないで、いつもじれったく思っているのが現実なのではないだろうか。実際、私の友人で、アメリカで暮らしていれば自然に英語が聞けるようになると高をくくっていたら、どんでもない、一年暮らしていても一向に聞けるようにならず、リスニングの猛勉強をしたという人を知っている。同じ外国語でも、自分の専門分野の発表をしたり、論文を書いたりする方がはるかに楽だという人もいる。もし上の引用にある通り、会話などやさしいものだとしたら、以下のような英語狂想曲が奏でられるのはいったいなぜなのかとけげんに思ってしまうのである。

2.1 小学校英語教育

2020 年度からスタートする学習指導要領が公表され、小学 5、6 年生から「外国語活動」が教科化されて、週 2 コマの英語教育が始まることになった。3、4 年生でも週 1 コマ教えられる。これは、文部科学省が 2013 年に公表した「グローバル化に対応した英語教育改革実施計画」案に沿ったもので、そもそも、大学、産業、行政などあらゆる分野で英語によるコミュニケーション能力がしきりと求められているのを背景にしたものである。小学校英語教育は、経済団体連合会が「グローバル化時代の人材育成について」(2000) のなかに「わが国の英語教育は、読み書き中心であることから、聞く、話すといった英会話力がなかなか向上しない。実用的な英語力の強化のためには、できるだけ幼少の時期から英語教育を開始し、耳から英語に慣れていくことが重要である」という文言を盛り込んだところから議論が活発になっていった。中学一年から英語を 8 年間も勉強してきたのに会話ひとつろくにできないという人びとの不満は昔から途絶えたことがない。小学校英語教育の是非はここでは論じな

いが、少なくとも、この背景には、日本人がなかなか会話をマスターできないことへの焦りが働いている。

2.2 「英語」は英語で

高校新学習指導要領（2008）で、「英語に関する学科の各科目については、その特質にかんがみ、生徒が英語に触れる機会を充実するとともに、授業を実際のコミュニケーションの場面とするため、授業は英語で行うことを基本とすること。その際、生徒の理解の程度に応じた英語を用いるよう十分配慮すること」と明記された。現場は当然混乱し、賛否両論が巻き起こった。議論の大半は、教育効果のほどや学生の理解度ばかりに集中したように感じる。しかし、問題にされるべきは、日本の大学における英語教員養成のあり方と教員のコミュニケーション能力の実態を無視して、理想案を押し付けた指導要領案にある。突然、英語で授業をやれといわれて、自信をもって即対応できる英語教員がいったい何割いると思っているのだろうか。現在の英語教員のほとんどが、中高、大学と文法訳読式の英語教育を受けてきた世代なのである。

日本の英語教育史を振り返れば、すでに大正時代に、「聞き話す」能力の育成を前面に押し出した英語教育法が、ハロルド・E・パーマー（Harold E. Palmer 1877–1949）によって提唱されていた。オーラルメソッド（Oral Method）と呼ばれる音声教育を非常に重視した学習理論で、当時から主流となっていた文法訳読式とは根本的に異質なものであった。残念ながら、オーラルメソッドは教育理念としては受け入れられても、実践面で日本の英語教育風土に馴染むことができなかった。

2.3 大学入試に TOEFL

自民党の教育再生実行本部が 2013 年、TOEFL を大学入試に義務づける教育政策案を提言した。TOEFL の性格と難易度、さらには大学入試の規模と受験機会の公平性を考えると、この政策案の実行可能性は極めて低いと思っていたが、2020 年度の大学入試共通テストから、英語は

第二部

「読む・聞く」に加えて、「話す・書く」を含めた四技能の能力を測る民間の資格検定試験（TOEFL とは限らない）を活用することになった。これを契機にして、我が国の英語教育が、掛け声だけでなく実質的にも、大きく実践的な方向に転換していくかもしれないと期待する向きがある。民間試験の導入にはもちろん、賛否両論がある。ただ、ここで興味あるのは、賛成派にせよ反対派にせよ、現在の日本の英語教育の実情に対して、昔ながらの文法訳読式であろうがコミュニケーション重視型であろうが、一向に日本人の英語運用能力が向上せず低迷し続けているのはどうしてなのだろうか、と疑問ないしは不信感を抱いている点である。

英語教育関係者は、コミュニケーション重視型教授法に批判の目を向けがちだが、先にも述べたとおり、教える教員側にコミュニケーション重視型教授法の知識がないことと教える力量に乏しいことが問題なのである。外国語教員が備えておかなければならない能力とは、外国語の四技能能力（language proficiency）、外国語に関する知識（language awareness）および外国語授業を実践するための技術（pedagogic skills）の三つであるといわれる（Medgyes 1999：54）。特別な技術訓練のいらない文法訳読式で教育されてきた日本の英語教員たちにコミュニケーション重視型教授法に切り替えよといっても、一朝一夕には無理な相談なのである。大学における教員養成制度の改革をはじめ、現職教員の海外研修制度など、用意周到に体制を整えなければ、本格的なコミュニケーション重視型の授業をおこなうのは不可能なのである。

2.4　日本人大学生の英語実力

英語能力が TOEIC や TOEFL で測定されるようになって、日本の英語教育は、良くも悪しくも、大きな影響を受けている。広く実施されている TOEIC、TOEFL の試験形式では、言葉の受容にかかわる「読む」と「聞く」が試験される。スコア配分は同じである。これに発信にかかわる「書く」問題と「話す」問題が加わる形式もある。外国語学習では四技能のバランスを崩すと、ある一定水準以上に力を伸ばすことが確実

に難しくなる。したがって、英語の総合能力をバランスよく伸ばしてお
かないと、TOEIC、TOEFL で高得点をとることは望めないのである。

　日本人は TOEFL の成績が悪いといわれている。確かに、TOEFL を開
発している ETS 社の 2013 年度 TOEFL-ITP テスト結果調査によると、
アジア 24 か国のうち日本は平均スコア 459 で 23 位となっている。ちな
みに、日本と似た言語事情のベトナム 484 で 12 位、韓国 483 で 13 位、
アフガニスタン 482 で 14 位、中国 478 で 16 位、台湾 472 で 19 位。こ
れに対し、日本の場合は受験者の数が非常に多く、だれでも自由に受け
ている、他の国では一部の優秀な人だけが受けているという理由で、調
査結果は信用できないとする反対意見がある。しかし、東北大学で同じ
2013 年度に 1 年生約 2500 人に実施した TOEFL-ITP スコアの平均点を
上の ETS の順位表に入れてみると、アフガニスタンとほぼ並ぶのであ
る（『平成 24 年度 TOEFL-ITP 実施報告書』東北大学）。TOEFL のスコ
アで一喜一憂するのはばかばかしいとはいうけれど、英語が読めて聞く
ことができれば、間違いなく高得点を取ることができる。ただし、高得
点を取ったからといって、必ずしも英語が正確に読めるとか流暢に話せ
るといったことにつながらないのも確かである。

　東北大学のスコアで問題なのは、Reading 部門と Listening 部門のスコ
ア差が非常に大きく、しかも Listening 部門のスコアが 24 か国中最下位
国のスコアよりさらに下にあることである。数値はまさに日本人は英語
の総合能力に欠けていることを示している。英語ができないという嘆き
はまじめに受けとめなくてはならない。東北大学の結果は、一大学のあ
る年度の偶然の結果ではない。最近、スコアは上昇傾向にあるが、残念
ながら、日本の大学の初年次学生の英語実力はまだまだ満足のいくレベ
ルには達していない。会話の訓練は Listening 学習の基本である。会話
は簡単だからといって音声の基礎訓練を侮っていると、耳の発達は遅れ
るばかりである。

　さらに追い打ちをかけるようで気が引けるが、船橋（2001）もまた、

第二部

数々の事例をあげて「日本は上も下も、エリートも大衆も、高齢者も若者も、都市も農村も、等しく英語力に乏しい」と嘆いている。彼の持論である英語公用語論に賛成しなくても、以上の事例が日本の英語教育の問題点をあぶりだしているのは明らかであり、真摯に耳を傾けるべきである。蓮實重彦氏は「われわれが外国語を学ぶ唯一の目的は、日本語を母国語とはしていない人びとと喧嘩をすることである。大学生たるもの、国際親善などという美辞麗句に、間違ってもだまされてはならぬ」と書く（『中央公論』2009.3：231-232）。蓮實氏は「喧嘩」を比ゆ的に使っていて、本来の意味は論理的な文章を書いて相手を論破することである。しかし、今の社会は、比ゆなどではなく文字どおり、口角泡を飛ばす議論を覚悟しなければならない場面が目の前に出現しそうな、そういう機会にあふれている。いま現在、聞いてわかる力を持っていたほうがいいのである。相手に侮辱されているのに聞いて分からなければ、にこにこしながら相槌を打ちかねないではないか。会話は簡単にマスターできるなどと先延ばしにしていると、聞く能力の進歩はどんどん遠のいてしまいそうである。外国語をよく聞きよく話せるようになるには、努力に努力を重ねるしかない。それでも、運用力がついたと実感するまでに数年かかるかもしれないのだ。

　くどいようだが、英語ができることの必要条件のひとつは、英語が聞けて話せることである。多言語国家カナダで実施されている国勢調査では、公用語別の人口を集計するために、言語に関する質問項目が設けられている。以下は 2016 Census 3A からである。

　1. Can you speak English or French well enough to conduct a conversation? □English Only, □French Only, □Both English and French, □ Neither English nor French.

　2.　What language do you speak most often at home?

　3.　Do you speak any other languages on a regular basis at home?

　4.　What is the language that you first learned at home in childhood

and still understand? If you no longer understand the first language
learned, indicate the second language learned.

どの言語にせよ、会話能力の程度がきかれている。英語をよく読めたと
しても、聞けて話せないのではどう答えてよいか困ってしまう。日常会
話を話せるようになるには、高度な知識と思考力を身につけるのと同じ
く、それ相応の努力と能力が必要である。

　日本文化は寡黙を美徳とする。そのせいか、日本の学校教育の中で、
音声言語によるコミュニケーション教育は、文字言語による読解教育の
陰に隠れて、表舞台に立つことはなかった。「会話より内容が大事」と
はコミュニケーション教育批判の常套句である。その通りだが、取るに
足らない日常会話にも、それなりの役割がある。どこかの国の要人にイ
ンタヴューする場合を想定しても、いきなり本題に入っては無礼であろ
う。まずは何気ない世間話をして打ち解けてからである。日常会話は高
尚な会話への入り口である。

　考えてみれば、母語での普段の会話は軽い話ばかりである。英会話と
なるとどうして日常会話では満足できず、何か高等なことを話さなけれ
ばと身構える必要があるのだろうか。日常会話は、ことばの学習だけで
なく対人コミュニケーション全体の基礎を形成する重要な言語活動であ
る。人びとの日々の生活や物の考え方、態度、根底にある文化・社会を
深く理解することと密接にかかわっているのである。

　コミュニケーション能力とは、母語であれ外国語であれ、声と文字の
言語を媒介に、それ以外のあらゆる手段も駆使して、相手の言おうとし
ていることを的確に理解し、自分の言いたいことを相手に過不足なく伝
えることができる能力である。知識の獲得と伝達のための重要な能力で
あり、教養力の要といってもよいのである。

第三節　明治以来の伝統を払拭しよう
　実は、日本人の英語運用能力の低さを嘆く声は今に始まったことでは

第二部

なく、はるか明治の昔からずっと引きずってきた問題なのである。明治時代、英語の教授法には正則法と変則法の二つがあった。正則法とは外国人教員が授業科目を英語で教える教授法、変則法とは日本語で意味が理解できればそれでよしとする文法訳読式の教授法である。明治時代の初期、西洋文化の受容は外国語に頼らざるを得ず、高等教育機関の専門科目の大半は外国人教員が各自の母語で授業を担当していた。しかし、1880年代に入って、日本の学問水準が上がり翻訳技術もすすんでくると、授業は変則法重視へと向かっていった。当然、教授法の変更に伴って、学生の英語能力もだんだんと低下していったのである。とくに、聞く・話す力の能力低下は顕著だったようである。

森鴎外は1902（明治35）年小倉偕行社で行った演説「洋學の盛衰を論ず」（『鴎外全集』34巻、岩波書店）において「洋語を操る舌と洋文を読む眼とは、交際上にも其必要あり。故に世の自信力ある先生と雖、まさか此に對して無用を説くものはあらず（223）」と読書と会話はどちらも必要であることを説き、演説の最後で次のように述べている。

　　或は曰く。既往の外國語を修めし者は、能く書を讀みて、其語を口にすること能はず。今後は唯々會話せよ。書を讀むこと勿れと。予は眞に外國語に通ずるものゝ、會話と讀書と、之くとして不可なることなきを信ず。若し會話のみにして足ると曰はゞ、是れ庖丁の外國語のみ。（228）

いくら会話が下手だといっても、会話に専念せよ、本を読んではならぬとは、言いすぎである。会話だけだと道具を手にしたに過ぎないという鴎外の戒めはまったくその通りである。この話から分かることは、すでに100年以上も前に、こんな極端な意見が出てくるほど、外国語を読めても話せない人が多かったことである。

鴎外だけではない。『武士道（Bushido The Soul of Japan）』の英文著作で知られる新渡戸稲造（1862-1933）もまた同じような嘆きを綴って

いる。

　　外国語の勉強に投入する時間と学生の外国語能力とを比較してみる
　と、その異常な格差は目を見はるものがある。このように非常に嘆か
　わしい状態であることから、人は—とくに外国人は—日本人学生の外
　国語運用力に絶望しがちである。（新渡戸 1932：344）

新渡戸は日米交換教授や国際連盟事務局長として国際舞台で活躍し、日
本を代表する国際人といわれている人物である。新渡戸は、日本が国際
会議に「何列も並んで」大量の代表団を送っている姿を見て、国益を損
なっているとまで述べる。「他の国々では、二三ヵ国語の武器を振うこ
とのできる人を得ることは全く容易であるのに、日本人一人では一つの
外国語以上を使いこなすことができるのは稀だからである（ibid：561-
562)」ということばが、21 世紀の今の姿にそのまま当てはまることに
愕然とするのである。
　新渡戸（1929）は、運用能力の低さの原因を「言語は知識伝達の手段
であって、話し言葉ではなく、ましてや発音のことではない」という日
本の伝統的な言語観に求める。

　　日本人の学者の間には、実用的のことに言語を使用することは、知
　的追及の低さを示すものだという残念な考えがある。どんな種類のお
　しゃべりも、何の尊敬も受けないし、聞き馴れない言葉を話す才能は、
　むしろ疑いをもって見られる。（ibid：558）

竹内（1999：260）は、大正期に完成した日本の教養主義について、次
のように書いた。

　　教養主義を人格主義や学問や文化への畏敬という面だけでみるのは
　不十分である。教養主義の動機と機能を顕在と潜在との複眼でみるこ

第二部

とが必要である。とすると教養主義の顕在動機が人格主義であり、潜
在動機は立身出世主義である。顕在機能は身分文化への同化であるが、
潜在機能は外集団との差異化である。旧制高校生の教養は、芳香とし
ての教養と差異化する教養との重層構造として存在していた、という
ことになる。

日本の教養主義が西洋文化志向的で、ドイツ語、フランス語、英語の外
国語学習から「芳香」を放ち、外国語の知識の有無が「差異化」すなわ
ちエリート階級に入るための選別の一基準となっていたことは否定でき
ない。その教養主義が新渡戸の言う伝統的言語観と結びつけば、外国語
を学ぶのは知的な作業であって人と交際するためにするようなものでは
ない、書物こそが最上であり、会話などは下に降りていけばいいという
考え方に自然に行きつく。このような伝統の下で運用能力改善のための
扉を開くことは容易ではない。

　新渡戸のことばは明治に向けられたものだが、21世紀前半のいまに
向けられていないと誰が断言できるだろう。100年間も繰り返されてき
た繰り言の原因がここにあるのだとしたら、日本の教育関係者はこれに
対しどう向き合ったらよいのだろうか。明治の伝統をいつまでも引き
ずっていては、これから10年後も、20年後も同じ状態が続くことは間
違いなかろう。

　ところで、漢文の返り点でおなじみのあの読み方、日本人ははるか以
前から中国語を変則法で読んでいた。それを西洋言語の学習に適用した
のは、江戸時代の蘭学者たちである。日本の欧米言語の学習は江戸時代
のオランダ語通訳者（通詞）によるオランダ語学習から始まる。大槻玄
沢は長崎に遊学した際、通詞たちがどのようにオランダ語を学習してい
るかつぶさに観察し、その方法を『蘭学階梯（下）』（1788）で紹介して
いる（杉山1990参照）。それは正則法に近く、まずオランダの入門書に
より文字の読み方・綴り方を学び、口語会話本で会話文を暗記し、それ
から先輩、友人、オランダ人からオランダ語作文を学ぶといったもので

第四章　教養と英語

あった。大槻玄沢は、この種の正則法は本式の学習法であるとは思うが、長崎以外の地では実施が無理であるとして、以下のような学習法を提案している。

　　吾が門に游ぶ徒は、通弁を業として其伝訳をなすにはあらず。惟其書を翻訳せんとの業なれば、なるたけ一語づつも言辞の数を覚へ、読書の間助語等に心を著け、其文章前後上下の語脈を貫通し、語路の連属等の趣きを熟し得べし。先づ初めは怠り無く単へなる言辞を多く記憶すべし

単語をたくさん覚えて、文構造に気を配り意味を把握する、まさに変則法、文法訳読式そのものである。しかし、杉山（1990）によれば、変則法だけで学力が身につくはずもないので、前野良沢や大槻玄沢など江戸の蘭学者たちは、長崎で基礎的な語学学習を積んでいたようである。今日でも一般的に行われている文法訳読式が、江戸時代のオランダ語学習から始まって200年以上も廃れていないということはたいへん興味深い。

　西洋のレベルに追いつけ追い越せをめざした日本は、明治も半ばになると、日本語で学問できるほど、学問の水準が急速に進歩していた。これは日本語と日本の学問の発展にとって非常に意味のあることであったが、水村（2015：251-2）はこのことの無意味について「日本語で学問ができるようになったということは、何よりもまず、日本の大学が、大きな翻訳機関、そして翻訳者養成所として機能するようになったことを意味したのであった」と喝破する。かように外国語といえば変則法、訳読法というのは、まるで日本人のDNAに書き込まれてしまっているかのようである。

　経済活動から始まったグローバリゼーションはすでに政治、文化の領域を完全に浸食してしまった。グローバリゼーションの波が教育と言語の領域にまで浸透してくるのは時間の問題だった。大規模公開オンライ

第二部

ン講義ムーク（MOOC：Massive Open Online Courses）の稼働とその世界的な人気がそれを実証している。国家や国境といった概念が崩壊して真にヴァーチャルな実態へと変貌し、言語・文化の異なるもの同士が、世界各地で自国に居ながらにして、インターネットをとおして、今この時間に、耳と口と目を通して、世界の一流大学の授業を受けたり、会議に参加したりすることが現実のものとなっている。世界共通語を駆使できることは、新しい時代に参入するためのパスポートなのである。

　このまま伝統的な文法訳読式の外国語学習に固執すれば、日本人の英語能力は低迷するばかりで、教育グローバリゼーションの潮流に完全に飲み込まれて、圧倒的な競争原理の前に屈服せざるを得ないだろう。小学校英語教育批判や英語帝国主義論には賛同できるところも多いが、不幸なことに、日本では、それらが暗黙裡にコミュニケーション教育批判につながっている。外国語の運用能力を改善したいならば、明治以来百年以上も変わらない教授法と学習法を、どうすれば世界に通用する効果的な言語教授法、学習法へと変革していけるかを考えるべきである。

第四節　グローバル化の時代を生きる

　インターネットを通じて世界中に配信されている TED の The world's English mania という動画の中で、講師のジェイ・ウォーカー（Jay Walker）は中国でのすさまじい英語学習熱を紹介したあと、「英語を使えば、気候変動や貧困、飢餓、病気などの世界の諸問題について、グローバルに話し合いをすることができる。英語は今や問題解決の言語（the language of problem-solving）になっている。共通の問題を解決するための共通の言語がある世界、英語はそんなすばらしい未来の希望の言語なのだ」と説明する。帝国主義の言語、学問の言語などといわれる英語であるが、「問題解決の言語」と呼ぶ発想は新鮮である。

　この発想には、二つの前提が必要である。一つは、英語が将来的にも安定的に国際共通語の地位に座り続けるという前提、もう一つは、諸問題解決のため国際共通語として英語を使用するとき、英語母語話者と非

英語母語話者が言語的に対等でなければならないという前提である。これから数十年は他言語が英語の地位を脅かす可能性はないだろうから、第二の前提について考えてみよう。

英語が世界中に拡散されればされるほど、共通言語としての英語に質的な変化が起こる。現地語の単語や文法、言い回しの影響を受けた英語の変種が生まれる可能性が高くなるのである。カチュルは「世界英語（World Englishes）」という概念を提唱して、世界に存在する英語の変種をイギリス英語やアメリカ英語と対等に英語として認めようと主張した（Kachru 1985）。たとえば、インド英語、ナイジェリア英語、シンガポール英語、Spanglish（スペイン英語）、Taglish（タガログ英語）など。

どの英語の変種にも「文化的多様性を内包する領域としての英語（English as a repertoire of cultural pluralism）」と「伝達の媒介手段としての英語（English as a medium）」の二面性がある（Kachru 1995 : 1）。前者は、たとえばイギリス文学やアメリカ文学などを理解するときに必要な英語。変種ごとにそれぞれの歴史を背負った独特の単語やイディオムが含まれる。国際共通語として使う英語は、どの文化の慣習にも適合するようにデザインされている「伝達の媒介手段としての英語」である。インド英語の特徴を全然知らなくても、インド人と英語で会話ができるのは、この英語の一面を利用しているからである。

英語を「問題解決の言語」として使うとき、特定の文化に拘束されている英語であってはならない。英語の母語話者に有利なのは当然なので、特定の国の英語話者にアドバンテージを与えるような英語であってはならないということである。たとえば、ASEAN（東南アジア諸国連合）会議でタイ代表とフィリピン代表が英語で話すとき、英米の英語母語話者のように話す必要は全くない（Smith 1983）。なぜなら、問題解決のための英語は、話し手自身の文化、意志を表明するための伝達手段なのであって、決して英米の文化を模倣して話すものではないからだ。

英語を国際間の諸問題を解決するための言語として使うならば、「世界英語」の概念に込められた差別のない言語観を尊重しなければならな

第二部

い。この考え方のもとでは、アメリカ英語もイギリス英語も「世界英語」の一つなのである。したがって、英語母語話者といえども、国際会議で英語を使うときは、世界標準語つまりリンガ・フランカとしての英語の語彙とは何か、文法とは、発音とは何かをわきまえておく必要があろう。イギリス英語特有のイディオムを使って他国の人が理解できないとしたら、使う側に問題があるのである。私たちがコミュニケーションのツールとして学ぶべき英語は、リンガ・フランカとしての英語である。

　以上のような観点から日本の英語教育をながめてみると、「文化的多様性を内包する領域としての英語」にとらわれすぎて、コミュニケーション・ツールとしての外国語に対して根深い抵抗感を抱いているのが気になる。日本の外国語教育は、旧制高校的教養主義の影響を強く受けているせいか、「文化、とりわけ「異文化」理解に対する配慮が後退すると、外国語教育はいわゆる外国語「道具論」に陥りかねない危険をはらんでいる」（村上 2007：219）という異文化理解目的論、「人格陶冶の側面を捨象して、皮相なオートマチズムの獲得をめざす道具としての外国語論や本来の語学教育を切り崩そうとする動きには断固として抵抗しなければならない」（斉藤・野崎 2004：38）という人格陶冶目的論と結びつく傾向が非常に強い。このような言い方は、外国語道具論が無益なものではないのに、英語コミュニケーションなど学ぶ価値がないとミスリードしてしまう危険性がある。

　異文化理解と人格陶冶は、教養教育全体に課せられた教育目標である。文学、美術、歴史、地理、経済、宗教、哲学、外国語など多くの分野の学習を通して達成すべき究極的な目標である。したがって、異文化理解と人格陶冶を外国語教育の目標とすることは間違っていない。しかし、全分野をあげて達成すべき目標を、なぜ外国語教育だけがわざわざ声を大にして掲げる必要があるのだろうか。あたかも異文化理解と人格陶冶の目標は、他分野には任せておけない、我々が一手に引き受けるとアピールしているかのようである。この辺の事情については、寺沢（2014）を参照されたい。

第四章　教養と英語

　日本はいま、グローバリゼーションの推奨するリンガ・フランカとしての英語の教育を巡って、伝統的な英語教授法とコミュニケーション中心の教授法の二つの方針のはざまでもがいている。教養と英語も、この問題と無関係ではない。私が英語の「聞く・話す」能力を重視する最大の理由は、次代をになう日本人大学生の英語運用能力が極めて貧弱だからである。また、英語をコミュニケーションのツールとして身につけることは、真の教養を身につける道への出発点ともなるからである。外国語教育の本質は異文化理解と人格陶冶にありと考える人からは反発を食らいそうだが、言葉を通して他人とコミュニケーションできるということは人間の言語能力が要請する最も基本的な能力なのである。母語にせよ外国語にせよ、この能力を使わずして異文化理解や人格陶冶という極めて高い目標にたどり着こうなど、とうてい無理な話である。言語としての基礎能力をしっかり身につけておきたい。階段は一段ずつ上るものである。

おわりに　新しい教養を考える

　ペンとインクで築きあげた活字中心の教養主義は、いまや神聖なるアナクロニズムかもしれない。これからの「新しい教養」を考えるに際し、筒井（2009）は「教養主義が再生され、再建されるか否かは大衆文化との関係が今後どのように設定されるかにかかっている（131）」と述べ、「教養ある内容の文化を大衆文化に浸透させていく」方向性と、逆に「教養主義文化の中に大衆文化の良質のものを取り込む」方向性の二つを提起している（203-211）。筒井は、どちらの方向性にとっても、映画、テレビ、マンガ等の視覚的メディア・映像メディアをどのように扱うかが決定的に重要になるだろうと主張する。竹内（2003：246）も「教養の培われる場としての対面的人格関係は、これからの教養を考えるうえで大事にしたい視点である」と述べている。視覚的メディア・映像メディアといい、対面的人格関係といい、共通しているのは、活字を超えたところにある言語の身体的コミュニケーション活動を、教養の重要な一面

第二部

として前景化させていることである。その根底には、取りも直さず「聞く能力」と「話す能力」がある。

　英語は、わたしたちの母語ではなく外国語なのだから、あくまでも何かをするための道具である、という冷めた感覚も大切である。何かとは、恋愛遊戯でも文学研究でも哲学談義でも何でもよい。外国語は知識と技術を獲得するための道具にすぎないとすれば、単に英語が読めたり話せたりすることで、知識と教養が身についたとか、有能な人間になったとか勘違いすることはない。この道具を巧みに使って、世界の人びとと交流し、書物を読んで、経験と知識を積み重ねる、そうした努力をしてはじめて思考の幅が広がるのである。和辻哲郎が言うように「日常生活に自然に存在しているのでないいろいろな刺激を自分に与えて、内に萌えいでた精神的な目を培養」し「やがて人格の教養」にすることができるのである（筒井 2009：101-103）。

　では、「新しい教養」を身につけたとして、私たちはそれをどのように生かしていくべきか。かつてのエリート教養主義者のように、書物の権威を傘に着て、「上から目線」で没主体的に発言を繰り返しては、いかにも時代錯誤である。シカゴ大学名誉教授ノーマ・フィールド（Norma Field）は「戦争と教養」（『世界』2003.10）の中で、次のように答える。

　　今、どういう目的のために教養を活性化すべきでしょうか。私たち一人一人が有意義な生涯を送ることができるような社会を目指すことが教養本来の意味ではないかと思います。その前提としてまずは戦争、それから貧困をなくさなければならない。それを全うできるとは誰も思わないでしょう。しかし、そういう理想に対する執念を作り出すことがそもそも教養の役割でもあるはずです。（162）

ノーマ・フィールドは教養を個人の知識の問題ではなく、生き方の問題ととらえている。近代史の教えるところでは、国家は、経済危機や貧困、差別、階級格差といった社会問題から国民の目をそらそうとして、

愛国心やナショナリズムを刺激することがある。そういった国家の姿勢に対し、尊く生きるために必要な福祉や教育を権利として意識し守り抜くために、市民一人一人が教養の力を団結させて「理想に対する執念」を活性化させなければならない、とフィールドは説く。現実を直視し、現実にチャレンジするのに教養が必要なのである。世界の政治的、経済的問題が国家、国境を越えて頻発している世界情勢を考えると、教養における英語能力も「問題解決の言語」として、無視できない力となって活かされるはずである。

　母語は脳の成長とともに脳の一部になっていく。外国語は自分の母語ではない他の誰かの母語である。外国語を学ぶということは、他人の脳の一部を移植するようなものである。外国語がさまざまな対立の表情、たとえば文化の多様性を背負った言語と伝達手段としての言語、文字から学ぶ言語と音声から学ぶ言語、教養としての言語と実用としての言語など、母語ならば見過ごしてしまうこのような表情を見せるのは、外国語学習に対するある種の拒絶反応の表れなのかもしれない。それでも、私たちが外国語を学ぼうとするのは、太田（1957：vii）が言うように「言葉の学習を通しての国際理解」という期待を抱いているからであろう。太田は、外国のものに対する態度として、次の四つをあげている。

（1）Ultra-nationalistic―何でも自国のものをよしとして、外国のものをけなす態度。

（2）Sentimental tourist―外国のものを何でもよしとする態度。

（3）Intellectual curiosity―統計数字等を集めたりはするが、その国民の気持になる、その中に入り込むということをしない。

（4）Sympathetic understanding―実際に、直接にその国民と同じ経験をして、それを全面的に理解せんとする（但しその是非の判断は別とする。）

　真の国際理解に導くのは（4）だけである。私たちの心には、共感する態度を身につけたいという情熱が潜んでいる。書物からでも外国の人びとと経験を共有することができる。しかし、真に共感しあうには人間

第二部

を知らなければならない。人と人との生きたコミュニケーションからは、ことば以上の知恵と経験を得ることができるのである。

【参考文献】

Deci, L. E. and Flaste, R. 1995. *Why We Do and What We do*. G. P. Putman's and Sons.（櫻井茂男監訳『人を伸ばす力』新曜社．1999）.

船橋洋一．2001．『あえて英語公用語論』（文春新書）

Kachru, B. B. 1985. "Standards, codification and sociolinguistic realism : the English language in the outer circle." In R. Quirk et al. *English in the World : Teaching and Learning the Language and Literature*, 11‐30. Cambridge University Press.

Kachru, B. B. 1995. "The Speaking Tree : A Medium of Plural Canons." Makhan L. Tickoo（ed）*Language, Literature and Culture*, 1‐20. Singapore : RELC.

Medgyes, P. 1999. *The Non-native Teacher*. Max Hueber Verlag.

水村美苗．2015．『増補日本語が滅びるとき：英語の世紀の中で』（ちくま文庫）

村上郷子．2007．国際理解教育をめぐる英語教育の変遷―学習指導要領および教科書を手がかりに―．『埼玉学園大学紀要（人間学部編）』第7号、205‐220.

新渡戸稲造．1929．日本における外国語の効用とその研究―文化的国際主義の研究―．『新渡戸稲造全集』第15巻．（教文館）

新渡戸稲造。1932．日本文化の講義．『新渡戸稲造全集』第15巻．（教文館）

太田　朗．1957．訳者序―C. C. Fries の人と学問．C. C. Fries 著『外国語としての英語の教授と学習』（太田朗訳、研究社）

斎藤兆史・野崎歓．2004．『英語のたくらみ、フランス語のたわむれ』（東大出版会）

Smith, Larry E. 1983. "English as an International language : Nor room for linguistic chauvinism." In L. E. Smith（ed）*Readings in English as an International Language*, 7‐11. Pergamon Press.

杉本つとむ．『長崎通詞ものがたり―ことばと文化の翻訳者』（創拓社）

竹内　洋．1999．『学歴貴族の栄光と挫折』（中央公論新社）

竹内　洋．2003．『教養主義の没落：変わりゆくエリート学生文化』（中公新書）

筒井清忠．2009．『日本型『教養』の運命：歴史社会学的考察』（岩波現代文庫）

寺沢拓敬．2014．『「なんで英語やるの？」の戦後史』（研究社）

　英語という言語について考えるための文献を三冊選んだ。英語のスキルを磨くだけでなく、歴史の進展のなかで言語が果たす役割について考えてもらいたい。

第四章　教養と英語

1. 水村美苗『増補　日本語が亡びるとき：英語の世紀の中で』ちくま文庫、2015 年。

　文系の学問分野の一部では、理系と同じように、学術論文は英語で書くのが一般的になっている。とくに言語学理論や英語学の分野では、学問の性質上しかたがないが、日本語で書かれた論文は絶滅危惧種になるのではないかと思うほどである。「学問とは、なるべく多くの人に向かって、自分が書いた言葉が果たして〈読まれるべき言葉〉であるかどうかを問い、そうすることによって、人類の叡智を蓄積していくものである。学問とは、〈読まれるべき言葉〉の連鎖にほかならず、その本質において〈普遍語〉でなされる必然がある」という著者の言葉に反論の余地はない。英語が国際共通語になった今、学問をする〈叡智ある人〉が英語で論文を読んで書き、議論するのは必然なのである。

　しかし、学問には、ただ真理を追究するだけでなく、すそ野を広げて、学問を社会に定着させるという役割もある。英語でしか書かない、読まないとなれば、将来をになう若い人びとに学問の面白さを十分に伝えられないのではないか、その結果、学問の地盤が脆くなって屋台骨がぐらつくのではないか、と心配になる。

　著者は、上の学問の論理を日本語という言語共同体全体さらには文学の問題に当てはめて、日本語と日本文学の未来に大きな不安を感じている。が、これは論理の飛躍である。〈普遍語〉としての英語の中でも学問語としての英語は別格であり、また、日本がアフリカ諸国のように植民地主義的言語政策を受けてこなかったからである。ケニアの作家グギ・ワ・ジオンゴは、英語から母語のギクユ語で小説を書こうと決意したとき、誰のために、なぜギクユ語か、なぜ小説か、と考えた（Ngugi, *Decolonising the Mind*, 1986）。日本語を母語とする私たちも、英語の世紀の中にあって、日本語で「学問する」こと、日本語で「文学する」ことの意味を真剣に考えたほうがいいかもしれない。

2. ロバート・フィリプソン、平田雅博他訳『言語帝国主義：英語支配と英語教育』三元社、2013 年。（Robert Phillipson, *Linguistic Imperialism*, 1992, Oxford University Press の邦訳）

　マルクスの資本論を初めて学んだとき、労働力は商品であるという発想に驚いた。英語帝国主義は英語という言語を商品とみなす。つまり、英語には使用価値と交換価値があるのである。英語列強は英語という商品で他国の言語教育に介入し、英語教育からもたらされる知識、書籍などの成果と利益を独占しようとする。問題は、英語教育が社会の権力構造と結びついて、さまざまなタイプの支配・被支配の差別構造を生み出すことにある。

　英語教育・応用言語学の分野は、一見、「社会的経済的政治的問題を排除して、言語教授法の焦点を技術問題、すなわち、狭い意味での言語と教育に限定する」ことによって中立的に成立しているようにみえる。しかし、フィリプソンは、英語教育は経済帝国主義、政治帝国主義、軍事帝国主義と手を結んで言語差別主義を助長したと批判し、英語教育が遠ざけてきた政治的イデオロギーを暴露していく。英語が国際共通語としての地位を不動のものにしつつあった 1990 年代に、ミクロレベルの

第二部

英語教育を資本主義的経済支配のマクロな視野のもとに位置づけて、英語の陰の部分をあぶりだしたことは、非常に意義のあることであった。国際共通語としての英語の勢いは増すばかりで一向に衰える気配はないが、英語帝国主義論が一定の影響力を持ち続けているのは確かである。

3. David Graddol, *The Future of English?*, 1997, The British Council.（英文原著は The British Council ホームページから入手可能。）

このまま英語の支配体制がいつまでも続くという保証はない。本書は、21 世紀におけるグローバル経済の発展、通信テクノロジーの進歩、世界人口の変化などが、英語の未来にどのような影響を及ぼすのかについて検討している。同著者による *English Next*（上記ホームページから入手可能）、デイヴィッド・クリスタル著『地球語としての英語』（國広正雄訳、みすず書房）も併読することをすすめたい。

アジア太平洋地域における経済活動の動向が、英語の未来を決める大きな要因となりそうである。とくに経済成長に伴う大都市化現象により、アジアの中産階級が大都市に集中し、2018 年までに 20 億人を超す見込みだという。英語を広く使うのが、知的職業に従事する中産階級の人びとであり、家庭の言語としても英語を使う可能性が高いことを考えると、この階層の人口動態が英語の未来に最も大きな影響を及ぼすことになるかもしれない。

グラッドルの予想では、共通語としての英語の地位は依然として揺るぎそうもないが、たとえば中国語やスペイン語のような母語人口の多い言語が特定の領域で強い影響力を持ち、そこを拠点にして経済、通信、教育の寡占体制（oligopoly）を作り出す可能性が非常に高いという。

第五章　「市民の政治」とその歴史
──政治と教養──

柳父　圀近

はじめに　「市民の政治」について

　私の専門は西洋政治思想史なのですが、去年から教養教育院で政治学の入門講義もやっています。それで、本章では、その講義と政治思想史の講義の中間のような話をしてみようと思っています。

　政治と教養ということですが、歴史を見ますと、「政治」にもいろいろありまして、王様や皇帝などの「支配者」の「統治」もありましたし、「市民による政治」──「共和制」ないし「民主主義」です──もありました。とりわけ、この「市民の政治」、「市民による政治」の歴史について、ある程度知っておくことは、現代の「市民」としての皆さんには必須の「教養」だと思います。そこで、まず第一節で、そもそも「政治」とは何か、また、とくに「市民的」な政治とは何か、について、序論風にお話しし、第二節では、古代ギリシャやローマの「市民の政治」、「市民の政治学」について少し詳しく、さらに第三節では、その後の西洋での、「市民の政治」と、「市民の政治学」の展開についても、ミニマムにお話ししてみようと思います[1]。

第一節　「政治」とは何か？

　1.1

　はじめに、大変抽象的ですが、「政治とは何か」という話を少しだけしておきます。

　「政治」には「国際政治」から「村の政治」まで、大きな政治もあれば、小さな政治もあります。また「私企業」や「同窓会」などにおいても、様々な「政治」があります。

97

第二部

　これらのどのレヴェルにせよ、生命・安全・健康・自由・富・情報・名誉・権力など——これらを政治学では「社会的価値」と呼びますが——をめぐる対立が、人々の間に芽生え、その対立が次第に「紛争」レヴェルにまで近づきますと、事態は急速に「政治的」になって行きます（丸山眞男『政治の世界』岩波文庫）。そこで、二〇世紀ドイツの政治学者カール・シュミット（Carl Schmitt）は、人々が、「敵と味方」に分かれて戦うことこそが、「政治的なるもの」の本質だ、と言いました。たしかに「政治」には、何らかの社会的価値をめぐって人々が、相互に、単なる「競争」の域を超え、相手を屈服させ、支配しようと「闘争」することだ、というところがあります。そこで、国家レヴェルの政治でこの面が昂じると、革命や内戦になったり、また外国との戦争に至る場合もあり得ます[2]。

　しかし、もうすこし穏やかに一般論で言いましょう。すると政治とは、そうした「社会的価値」をめぐる対立が高まり、それに一定の「決着」（ただし、理屈のよく通った「解決」とは限りません。むしろ、いつも何ほどか問題の残る政治的な決着ですが）がついて、一応の安定に至る過程である、と言えます。ただし、やがてまた新たな対立が生じるものですが。そしてそうした決着の過程では（またその解決を維持するうえでも）、「権力」という契機が重要な意味を持って来ます。ただし権力とは必ずしも「暴力」のことではありません。むしろ、一定の「権威」（レジティマシー→権力の正統性とか正当性と訳されます）の欠けた、単なる暴力には、紛争に、多少とも永続性のある「決着」をつける能力はありません。（ナイフを構えた強盗は、「一瞬の権力」を持つにすぎず、「権威」がないので、カネを取ったら一目散に逃げて行くのです）。だから政治学は、いつも「権力と権威」の関係を十分考えに入れています。最も権威のある権力とは、当事者間の合意に基づいて設置された権力です。

　こういう「権力論」を聞いていると、この中にも、何か気持ちが昂ぶってくる「政治好き」の人もいるかも知れません。しかしその反対に、「もう結構だ」と嫌気のさして来た「政治嫌い」の人もいるだろうと思いま

す。

1.2

　ところが、つい先年亡くなりましたイギリスの政治学者のバーナード・クリック（Bernard Crick）は、若い日に *In defense of politics*（「政治の擁護のために」）という、なかなか味なタイトルの本を書きまして、「政治」につきものの「権力的」なイメージを修正しまして、むしろ大いに「政治の徳」を讃えました。といっても、クリックも決して、政治において「敵・味方の関係」が重要であることを知らないのでもなく、戦争や革命の歴史に目を塞いだのでもありません。それらは熟知した上で、政治の本質は、「敵・味方の闘争である」というだけのものではない、と強く主張したのです。政治が単なる「闘争」なら、政治家には闘争的な軍人が最適任でしょう。しかしクリックは、本当の「政治 politics」とは、古代ギリシャで発明された、「最も高度な精神的な活動」である、とあえて言いました。そして Politics の原語ポリティケーの意味は、単なる「闘争」や「支配」ではなく、むしろ、市民の間の対立の「ポリス的な処理の仕方」という、いわば高級な意味だったと説明しました。*Politics* は、ポリス内の市民の間の利害闘争を一定の合理的なコントロールのもとに置くやり方だった。私たちは politics のこの意義を再発見し、この意味での「政治」を、もう少し尊重するべきだ、とクリックは提唱したのです。要するにポリスで発明された、こうした「文明としての政治」をもっと大事にしよう、と言いました。これは、「政治とは無節操な妥協 compromise である」ということではありません。これには、もう少し説明が必要でしょう。

　クリックは、古代ポリスでの、「政治（ポリティックス）」とは、きわめて多様な要求を持つ市民（ポリテース）たちが、対立しつつも共存して行くために、種々の賢明な制度を作り出し、またそれを使いこなした技量だった、と指摘しました。単に、「敵・味方関係の闘争」として「政治的なるものの本質」を語れば、「政治」が語れたわけではない。むしろ多様な身分関係や利害関係

第二部

の内にある市民たちの間の対立や闘争を、どうやって調整するか、その高度な制度と技術こそが「政治」だったのだと説いたのです。クリックによれば、ポリティケーとは「re-concilliation」（再調整）の制度形成とその運用とであり、そのために、知性を最大限に動員することが、ポリスにおける最も高度な精神の営みだったのだ。アリストテレスはそう教えている。ここまでクリックは「政治を讃え」てみせました。

1.3

　それにしても、このクリックの文章を読むと、アリストテレスが古代ギリシャ、特にはアテネの「政治」を、アテネ市民の「政治的教養（教育）」と、深く絡めて考えていたことが伝わって来ます。政治は「人間の最も高度な精神の営み」だというのですから、それだけの「教養」が無くては政治はやれないことになります。実際、アテネの政治のクオリティが高まるようにと念じつつ、アリストテレスは（彼の先生のプラトンもですが）、いわゆる「市民教育」としての「政治学」を、授業と著書で教えたのでした。

　ただし、付言しておきますと、こうした「闘争の調整」のシステムとしての「政治」の制度は、基本的には一つの政府を持った「ポリスの内側」だけで可能でした。沢山あったポリスの相互間は、そもそも「敵・味方関係」にあり、常に容易に戦争に発展しました。せめて時々は、「オリンピック休戦」が必要となった所以です。「ポリスの間」でも、ポリスの内側でのような「政治」が可能になるためには、強い力を持つ包括的な国際機構が作られなければならなかったでしょう。しかしまだ「自分のポリスがすべて」だった古代ポリスの人々は、お互いにそんなことは考えませんでした。（→むしろ驚くべきなのは、もし実際に使われれば地球破壊が確実である相互絶滅核兵器が、「核抑止力」と称されるようになっている今日でも、そうした包括的な「国際機構」は、――古代ギリシャにも存在した、単なる「軍事同盟」＝集団的自衛のことではありません――いまだきわめて不十分（国連）にしか形成されていないこ

100

第五章 「市民の政治」とその歴史

との方です。)[3]

1.4

さてクリックは、アテネでは「政治とは討論 discussion のプロセスだった」と、少々誇張して語っています。ディスカッションとは、ギリシャ語では、対話であり、難しく言えば「弁証法」の実行です。つまり市民たちが討議によってより高次の考え方に到達し、政策を決定してゆくのが、ポリスの政治だった、というのです。実際、民主制ポリス時代のアテネでは、まず各区域の代表による評議会での議題整理をした上で、市民総会としての「民会」が、毎月、二ないし三回も開かれていました。これが最高の議決機関で、何千人という、市民権＝発言権（イセゴリア）を持つ有権者たちが参集して、政策の提案者との討議が行われ、議論が一定のレヴェルに達したところで採決をとる、というやり方でした。その意味では、たしかに「対話・討論」の政治でした。といっても、実は扇動者にあおられた大衆的興奮状態での感情的な決定がなされることも多かったのですが。しかし古代アテネで、現にこれらの一定の討議的な政治制度が作られたこと、またその制度をさらに合理的なものにし、またそれを一層合理的に運用できる徳を持った市民を育てようと、プラトンやアリストテレスが「政治教育」の本を書いたこと。これらは、実に驚くべき、特筆大書されるべきことです。

飛躍しますが、アテネのような都市国家と違い、近代の広域国家では、すべての市民（国民）が集まる「民会」を開くのは無理です。そこで代議制民主主義が行われるようになりました。しかし今日の議会では、利害のからむ各政党が本当に真剣に対話して「正解」を追究し、合意を形成するに至るとは、必ずしも期待されていません（ちなみに、古代アテネでは今日のような意味の「政党」は存在しませんでした）。ここから、二〇世紀中葉には、国民投票で然るべき大統領を選び、彼に政治を一任する（独裁）方が、よっぽどましな「国民代表」制だ、「民主主義」だ、と論じる人も出て来ました。先ほどのカール・シュミット（『現代議会

101

第二部

主義の精神史的状況』樋口陽一訳、岩波文庫）などです。そしてこの考え方を利用して権力を握ったのがヒトラーでした。しかしヒトラー独裁下の現実を見れば、やはり議会制民主主義がはるかにましなことは明らかです。少なくとも議会は、国民の間の利害やイデオロギーの対立を、それらを体現する政党を通して明らかにし、また「調整」する機関たり得ます。言論と報道の自由が固く守られ、「公開での討議」を行う議会がフェアに運用（ここが重要ですが）されていればのことですが。国民は、政党ごとの主張と議会の審議を通して、国家の現状のどこが、どの視座から見ると、どう問題なのかを、知ることが出来ます。そして支持政党をそのたびに選択することで、政党を利用して国会に働きかける（デモや集会によって、また次の選挙での投票によって）ことが出来るのです。（また今日では、議会政治を補足するものとして、「ネット」を利用して、議会が民意を確認する工夫なども考えられ始めました）。

　クリックは、こうした古代と現代の違いをも頭に置いた上で、政治（ポリティクス）というコトバには、先述のような、「ポリス的」な「市民の政治のやり方」という古代ギリシャ語の原意が伝えられている。だからあらためて、この原語の意味を、われわれも少しは考えて、「ポリティックス」を現代に生かす工夫をするべきだ、と訴えました[4]。

　1.5

　『政治の擁護』を読んでいて面白いのは、クリックが、「政治とは何か」という問いを逆転させて、「政治とは何でないか」という問いを立てていることです。クリックの見るところ、

　①　もちろん、野蛮な「力ずくの支配（ルール）」などは、本来のポリス的な意味での「政治」ではありません。といって、「政治」とは、必ずしも「デモクラシー」のことでもない、とクリックは指摘しています。民主主義と多数決原理だけでは、「民主主義という形を取って現れる独裁」にも（クリックの云う「政治の死」にも）、道は開かれているからです。ヒトラーの独裁も、一見議会主義的な「形式」（ヒトラーへの「授権法」の

インチキな成立）を取って出現しました。（先ごろ「憲法改正にはナチスのやり方に学べばよい」と言った日本の政治家は、ナチ国家の底なしの怖さなど知らないのでしょう。ナチ政権化のドイツでは、狂気の「指導者民主主義」の思想のもとに、文明の歴史を踏みにじって、無残にも、あらゆる自由と人間の尊厳が公然と圧殺されました。それでも、当時の多くのドイツ人が宣伝に乗せられてヒトラーを支持していました。）

　②　また、クリックは、ある政党の世界観だけが「真理だ」と称して社会を統制し、国家を「一党独裁」で統制する全体主義国家は、どの場合でも「政治（ポリティックス）」を破壊すると言っています。なぜなら国家が人の思考・思想を統制する（麻痺させる）場合には「自由としての政治」は存在し得なくなるからです。ご存知のように二〇世紀中葉には、「スターリニズム」や「ナチズム」や日本の「超国家主義」のような、「全体主義的」な政治思想が大衆に支持され、そのイデオロギーに立つ「一党独裁」が実現され、その公認イデオロギーから見て、正しい言動をしない者を弾圧する国家が出現しました。クリックは、この二〇世紀の経験を見据えて、全体主義の対極にあるのは、ただ「政治による自由」の伝統が機能している社会だけだ、と言っています。

第二節　古代ギリシャとローマの「政治」

　2.1　古代ギリシャでは

　では、あらためて、歴史に沿って見て行きましょう。まず、もう少し詳しく、ギリシャ、ローマ以来の「市民の政治」を見ましょう。

　2.1.1　まずギリシャですが、ポリスとは、国の政治を「共になす」市民たちの社会→koinonia politikē でした。「コイノン」とは「共に為すこと」を意味し、「ポリティケー」は政治のことです。「政治を、市民たちが集って、直接、共に決め、共に執行する社会」が、ポリスだったのです。十九世紀以降は、国家機構（state）と、市民社会 civil society とは、実体上も、言葉の上でも区別されるようになります。しかし古代ギリシャでは、まだ社会と国家の間には、実態上も言葉の上でも区別がなく、個々

103

第二部

の市民が「直接民主主義」を担いました。「市民による、市民のための国家」の政治が、いかに市民（国民）にとって身近なものだったか、ということです。

　しかし、古代と言っても、いっそう昔の、エジプトやメソポタミアでは、強力な氏族（豪族）が王家を擁していて、軍事的・政治的に服属させた諸部族・諸氏族を支配していました。そこで国家の「政治」は、王が決めて、王の官僚によってそれが実行される「行政」に尽きていました。こういう国家は、公共的な「国家」と、王家の「家政」（「家産」）の区別が無い、という意味で、「家産制国家」（patrimonial state）と呼ばれています。ここではまた、「政治的教養」は、王の「帝王学」と、政策を実行する官僚の「行政知識」としてだけ蓄積されていました[5]。被支配諸氏族は、王家の召使の延長形態としての官僚機構（徴税や軍事、賦役工事のための）を通して、王に「統治」されました。これらの被支配者の部族や氏族は、相互に血縁集団としての閉鎖性が強く、部族などの「血縁の絆」は、その内に諸個人を保護する強い結束でもあり、同時に、その血縁の「外」の者を拒絶する強い枠組みでもありました。このため、人々は血縁を超えた「市民」となることはできませんでした。——では何故、こういう古代の最後の段階で、それもギリシャ半島のような辺境で、あの「コイノニア・ポリティケー」＝ポリスが出現し得たのでしょうか。

　2.1.2　ギリシャ人の祖先は、南ロシア—中央アジアあたりの原住地からバルカン半島に南下したアカイア人、イオニア人、最後にドーリア人だったとされます。この、異民族との戦争や接触を含む長期の大移動によって、彼らの間の氏族的な血縁の絆はしだいに弱まりました。

　彼らが南下してきたころ、ギリシャ半島南端に近いクレタ島には、すでにエジプト風の「王家の家産としての国家」に似たタイプの国家（ミノア文明）がありました。ただしクレタ島では（またこれを真似て、ギリシャ本土で原ギリシャ人たちが作ったミケーネ文明でも）、巨大な「土木官僚制」を発達させる、大河の大規模な治水灌漑工事と言う条件が欠

けていました。このためエジプトのような強力な官僚制国家は発展し得ませんでした。ミノア文明やミケーネ文明が亡びると、ようやく本格的なギリシャ文明が始まります。しかしこうした「前史」の時代に、aすでに血縁の制約が弱まっていたこと、b強力な官僚制国家がこの半島には成立していなかったこと、この二つの事情が、その後のギリシャで「市民国家」が出現する上での好適な背景をなしたのでした。

　前9世紀の大詩人ホーマー（Homēros）が語る、伝説のトロイ戦争のころには、まだ各地に王がいました。が、すでにこの王たちは貴族の間の「第一人者」にすぎず、時代は貴族制ポリスへと移行してゆきます。その後ますますオリーヴやブドウ栽培等の農業生産力が発展を遂げます。この経済発展は、氏族結合を一層弛緩させ、個々の家族の独立性を高めました。武具も廉価になって、貴族でない中産層でも武装自弁で歩兵戦に参加するようになります。ここに前七世紀には、長槍と大きな円形盾と兜と胴着、脛宛てを購入した中小地主の「重装歩兵」が、政治への参加権を得ます。いわゆる「重装歩兵の民主主義」の成立です。これが、それ以前の、高くつく騎馬戦車で戦う貴族が支配していた「貴族制ポリス」を変革しました。さらに、各ポリスの連合軍が、大国ペルシャに打ち勝ってギリシャの独立を守った「サラミスの海戦」（前四八〇年）では、無産層も、戦艦の乗組員として参戦して「市民権」を与えられました。これが、デーモス（大衆）の、権力（クラトス）への参加、つまり「デモクラシー」の始まりでした。こうしてすべての「市民層」が政治に参加するに至ったところで、プラトン、アリストテレスの「政治学」は登場しました。

　2.1.3　ギリシャの諸ポリスの中では、アテネは、面積が大きく、佐賀県くらいの広さがあり、港町ペイライウスを保持して栄えました。最盛期の「市民」は四万人ほど。市民権のない、市民の妻子、奴隷、寄留者を含む総人口は二十万余にも及んだと言われます。もちろんアテネでも身分間の対立や、利害グループ、野心家たちの間の激しい政争（スタシス）が生じました。が、このポリスには、独特の市民的な政治制度・政

第二部

治文化が形成されました。

　それにしてもまず興味深いのは、ポリスには、職業的な官僚がいなかったことです。都市国家の種々の公務は、すべてアマチュアの市民たちが籤か選挙で交代に担当しました。ですから、アテネでは、エジプトのように王が掌握する「官僚機構」の行政の下で、被治者たちはまったく政治から疎外されてしまう、ということが生じ無かったのです。軍隊もまた「市民軍」でした、あの、自弁の長槍と大盾と兜で武装した「市民」たちが密集兵団を組み、強力な戦闘力を発揮しました。選挙で、その人の卓越性を評価されて選ばれる 10 人の将軍以外には、職業的な「軍人」はいませんでした（将軍たちの中の優れた者は、あの有名なペリクレスのように、有力な政治指導者にもなりました）。このように、王家と、職業的官僚制とが存在しないことから、王と官吏のための統治のノウハウではない、独特の「市民のための政治学」が、史上初めて出現し、発展したのでした。アリストテレスが民主制のことを、「順番に支配し、支配されること」と定義したのは、官僚を使って君臨する「王の統治」の世界との違いを、決定的に際立たせています。

　こうした事情から、ここでは、「政治に関する知識」は、何よりも市民として持っているべき教養（パイデイア）の一部として、「教養市民層のための政治学」として発展し得たのです。

　そのアリストテレスはまた、「ポリスに属さないものは神か野獣だ」とも言いました（山本光男訳『政治学』岩波文庫、三八頁）。エジプトのように、国家が、まるまる王家の「家産」だった世界では、王は代々「神の化身」とされ（この「政治宗教」のための神官組織も発達していました）ていました。またその被治者たちは、政治的権利を持たず、王の官僚組織によって「対国家賦役」（貢納と使役）に徴用＝統治されていました（いわゆる「総体的隷属制」）。アリストテレスのこの言葉には、ギリシャ的（ポリス的）な自由についての彼の誇りが現れています。（ちなみにアリストテレスは、子供時代のアレキサンダー大王の家庭教師だったことがあります。「ポリスに属さないもの云々」という文言は、

106

第五章　「市民の政治」とその歴史

のちにエジプトで「神」になった、この教え子への痛烈な皮肉にもなっています。）[6]

2.1.4　ここで、少しだけ、ギリシャの「政治哲学」も覗いておきましょう。

　ソクラテスは本を残していません。プラトンは、有名な対話篇『国家（ポリテイア）——正義について』（藤沢令夫訳、岩波文庫）などを書きました。この著作は、哲学者ソクラテス（実はプラトン）と六人の友人・論客たちが、「正義ないし正しさ（ディケー）」とは何か、について「対話」を深めるという対話形式で書かれています。政治哲学の古典としてあまりにも有名です。まずソクラテス（プラトン）が、ソフィストのトラシュマコスの「正義とは、強者（支配階級）が得る当然の利益である」と主張する臆断に反問し、対話を深めて行って、ポリスの「正しい」在り方（イデア）（真理）を、一同に見出させようとします。この、7人の対等な市民たちが、ただロゴス（論理）のみを追って、正義とは何か？　と対話し続けて行く「ドラマ」は壮観です。ただしこの『国家』の「結論」、特に「理想国家」の具体的な政策的ヴィジョンは（それなりの一種の説得力はあるにせよ）、対話というべくして、あまり強引なプラトンの「確信表明」になってしまい、のちにアリストテレスの厳しい批判を招きました。

　そのアリストテレスは、たくさんの助手たちを使って、実に一五八国に及ぶ種々のポリスの膨大なデータを収集（素晴らしい、『アテナイ人の国制』村川健太郎訳・岩波文庫だけが、今日に伝わっています）し、それらを検討した上で『政治学（ポリティカ）』（岩波文庫）を書きました。つまりプラトンよりいっそうデータを重視する経験主義的な方法を通じて、「よきポリス」の本質（エイドス）（形相）を浮き彫りにしようとしたのです。『政治学』は、経験科学的な「政治学」の古典中の古典になっています。そんなにむつかしくないので、ぜひ読んでみてください。

　ラファエロの「アテネの学堂」という絵がありますね。この絵のなかで天を指している人がプラトンです。プラトンが、あいまいな「臆断」を論理的に問い詰めて、天上の「真理」へと乗り超えて行くべきだと、

107

第二部

説いているところです。天を指しているのは、プラトンが天上には、事物の「真理」=「イデア」が実在している、という議論を展開したからです（例えば、地上の作図では不完全にしか現し得なくても、幾何学の諸定義は「真理」だ。地上に存在している物・事は、すべて天上の「イデア」が関与してはいるが、イデアの、不完全な現象形態に過ぎない。天には「正義」や「善」のイデアも実在する。神羅万象は、明確な「イデア」（真理）によって把握しないと認識を過つぞ、とプラトンは説きました）。その横で地面を指しているのがアリストテレスです。「真理は存在する。しかし、現実のモノ・コトの内に内在しているから、できるだけデータを集め、その分析を踏まえて、モノやコトに、その姿を与えて行く「形相」としての真理を浮き彫りにしなければならない」と言っているところです。もちろんこの絵は、ルネッサンス期のラファエロが、そういう場面を創作して描いた名画ですが。

2.1.5　ところで、『国家』で「正しいポリス」の在り方を追及したプラトンは、実は「民主主義」には強く反対しました。と言いますのは、当時のアテネでは、先述の、「デーモス」と呼ばれる「無産者層」が、あらたに政治に参加できるようになったのですが、この人々は、財産もなく、文字も読めず、教養も、定見もない感情的な群衆に過ぎないとプラトンは見ていたからです。そしてこの大衆が大きな権力を持つ「民主主義」の体制は、ポリスにとっては大変危険だと考えていたのです。大衆は政治的知識に欠け、熟慮できず、扇動者の声に流され（ポピュリズム！）やすい……。だから、知的エリート（政治・行政の知識があるのは有産者層でした）たちが、否、はっきり言えば、プラトンのように「叡智」のある、しかも私心のない指導者（「哲学者」）が統治者になるか、「王が哲学者にならない限り」良いポリスは出来ない、と『国家』のプラトンは書いています（ただし、後の『法律』では、もっと穏当に、「次善」の国家としての「法律国家」論を展開していますが）。

しかし、『国家』でのプラトンのような考え方では、ひとりの「指導者」の一つの考え方によって、ポリスの人々の生活の全てがすっかり統

第五章 「市民の政治」とその歴史

制される結果にもなり得ます。つまりこの考え方では、——今日の用語でいえば——序論で述べた「全体主義」国家になってしまうでしょう。それでは、「多様性（＝自由）の場としてのポリス」と、その「市民の政治（ポリティックス）」は失われてしまう。アリストテレスはこう考えて、お師匠さんのこの思想を峻厳に批判しました。

このことは「政治（ポリティックス）とは何か」を考える上で、今も非常に大事で、クリックも繰り返しこの点に注意を喚起しています。アリストテレスは「生活の多様性があるということがポリスの価値だ。ポリスが一つの考え方に染め上げられて、その考えに合わない思想や行動が弾圧されるなら、それは最早、市民社会本来の国家（ポリス）ではない。政治（ポリティケー）も失われる。」と忠告しています。そうなったら、もはやポリスは、「家長」が、ただ自分の思いどおりに家族や奴隷を支配する家（オイコス）と同じことになってしまうと論じました（『政治学』岩波文庫、六八頁）。これは実に卓見でした。当時のギリシャの「家」では、「家長」は、妻と子を、まして奴隷たちを無条件に支配する、「専制的支配者（オイコデスポテース）」でした。「家庭」には、家長（いくらかは妻も）以外の者には自由はなかったのです。（エジプト型の国家は、拡大された「王のオイコス」にすぎない。自由人のポリスではない、とアリストテレスは考えたのでした。）

2.1.6　さて、アリストテレスは沢山のポリスを調査して、プラトンがあえて語ったような、私心なき賢人が治める「王政」など、現実にはあり得ないことを指摘しました。そして、むしろa有産者層による「寡頭制（オリガルキア）」（アリストテレスは、単なる資産家の支配ではなく、経済的にゆとりがあり、知的・精神的に訓練を受けた人々が指導する体制をこそ願っていたのですが）の特徴と、b数の多い下層民衆が決定権を持つことになる「民主制（デモクラティア）」の特徴とが、c混合し、フュージョンした政治体制が一番よい、と論じました。これは、社会の中の一部分に、政治権力が独占されるのを避ける、「混合政体 mixed government」という、ヨーロッパ独特な考え方の「はしり」です。「混合政体」とは、まさにひとつの「調整」の政治システムであり、とくにアリストテレスは、当時の状況の中では、

109

第二部

教養市民層の知恵と、民衆の権力とが、民会や裁判所などの運営において結び合わされるのを理想的だと考え、これをこそ、「ポリテイア」(「ポリス的な国制」) と呼ぼうと言いました。クリックの議論が思い出されます[7]。

2.1.7　もう一つだけ、アリストテレスのポリス論について、大事なことをお話ししておきましょう。

アリストテレスは、未来の市民たちが内面的に、勇敢で、しかも中庸の精神 Ethos を身に着けた市民に育つように、よい芸術、特にはよい音楽に、幼いときから親しませなさい、と忠告しています。ある種のリズムや楽器の音色や、歌詞が、市民としてのしっかりした「人となり」を育むと、アリストテレスは、(そして芸術には警戒的だったプラトンもつとに、) 考えていました[8]。

以上、大変不十分でしたが、ポリスの「市民の政治」と「政治的教養」についてお話ししてみました。

2.2　古代ローマでは

2.2.1　次にローマ人ですが、ローマと言えばローマ法と云われるくらい、ローマ人は法学の顕著な発展をあとに残しました。しかしまた政治思想史上にも、共和制ローマは「市民の国家」としての優れた思想を残しました。それらは、ローマ人の「市民的合理性」ともいうべき精神を示しています。法と政治に関するローマ市民の思考には、ギリシャのストア哲学が残した、「自然法」という思想が強い影響を与えています。ここでは、政治思想におけるキケロの定義だけ紹介しておきます。「国家とは、jus についての合意を持つ集団をいう」(jus は、法ないしは正義という意味) という定義です。この法は、あの「王家の家産」タイプの国家における、君主の恣意的な法令 (いわゆる「朝令暮改」の) とは違う、そして「正義」への尊敬の念を持つ「市民の合意」に基づく法です。これだけが、国家 res publica の基礎なのだ。その合意のない集団はまだ「レス・プブリカ」ではない。単なる「群衆」にすぎない。こう

110

第五章　「市民の政治」とその歴史

いう市民的な政治思想が鮮明に語られています[9]。

　もっとも、少しバランスを取っておきますと、ストア派風の普遍的「自然法」の尊重とか、正義と法についての市民の「合意」とか言っていても、やはり客観的には、ローマ人に都合のよい正義と法にすぎない、と、五世紀のキリスト教神学者アウグスティヌスが、『神の国』で、キケロを鋭く批判しています。その昔、アレキサンダー大王が、捕まえた海賊船の船長を叱責すると、「あんたが大きな船（国家）でやっているのと同じこと（弱者の搾取）を、俺は小さな海賊船でやっているので叱られているのさ」と痛烈に応じたという逸話をひいて、ローマ帝国の秩序も、しょせんは「神の国」の正義とはかけ離れた「地の国」の、「強者の正義」の秩序にすぎないと指摘しています。（もっとも、そう言いながらもアウグスティヌスは、そのローマの法律をも利用して、社会的弱者が助かるような法的措置を講じる努力もしたようですが）[10]。

　2.2.2　ローマ史については、このアウグスティヌスを含む、キリスト教の政治思想にも、もう少し触れる必要があります。初期のキリスト教は、この帝国権力が作った「ローマの平和」を利用して帝国の版図に広がりました。そしてこのキリスト教が、その後のヨーロッパ史における「市民社会」形成に、非常に大きな影響を与えることになったからです[11]。

　①　一つは、キリスト教が、決定的に、血縁共同体を超える普遍主義の人間関係を作り出したことです。これは、他民族、他部族、他氏族出身者への差別と猜疑心を抑えて、人々が、共通の「市民の社会」を形成するのを容易にしました。キリストによる救いへの信仰のもと、「一同が、パウロの指導で、所属する氏族関係を無視して、共同の食卓に着いたアンテオキア教会の会食こそは、のちの西洋中世都市の受胎の時だった」（ウェーバー）と語られる所以です[11]。

　②　もう一つは、キリスト教が、キリストの救いに帰依すれば、原理上はすべての個人が（血縁関係や身分を問わず）「神の子」である、と説いたことです。「個人の人権」の原型は、ここに初めて生じたともされる所以です。もっとも、「原始キリスト教のこの精神が、西洋から奴

111

第二部

隷制を駆逐するには、なお二〇〇〇年を要した」と、ヘーゲルが『法の哲学』で指摘しているのも印象的です（しかもリンカンによる米国の奴隷解放は、さらにこの本の後でした）。しかし中世には、人が、ローマ法王の教会員たる「神の子」だとなると、世俗権力が勝手に人の命を「処分」することも、制約されました。古代には（古代末期の、前述のストア哲学を別にして）「ポリスを超える普遍の倫理」はほとんど存在せず、とくに奴隷は、アリストテレスによれば「ものを言う道具」にすぎませんでした。大きな変化でした。このような意味で後代の西洋の「市民社会」形成と「基本的人権」の思想の成立は、たしかにキリスト教の影響を受けています。

　さらに、③　中世以来の「教会と国家の長い闘争」を経験したことで、「西洋の近代国家は、国家というものは、人間の生の充溢を統御し得ず、またそうするべきでもないということを自覚するに至った国家である」ともいわれています（トレルチ）。これは、あの「皇帝のものは皇帝に返せ。神のもの（生命と良心）は、神に返せ（→つまり皇帝＝国家には返すな）」というイエスの言葉に起因した、その後のヨーロッパの国家思想史の長い歩みの一つの帰結でした。個人の信仰と良心の独立性は、国家権力といえども蹂躙し得ないと実感するに至ったのがヨーロッパの精神史だ、という指摘です。そこで、あの碩学マックス・ウェーバーも、近代市民社会の「基本的人権」の第一条は、むしろ「思想信条の自由」である、と指摘しています（世良晃志郎訳『支配の社会学』創文社）。キリスト教史には、もちろん種々の問題も見られましたが、こういう歴史でもありました。

第三節　中世と近代

3.1　「中世都市」では

中世の都市について、急ぎ足で考えます。

3.1.1　ローマ帝国の末期には、貴族たちが皇帝の官僚制を嫌って、ローマを離れてガリア（今のフランスあたり）の辺境の荘園に居を移したり、

第五章　「市民の政治」とその歴史

ゲルマンの蛮族が帝国に侵入して来たりで混乱します。種々の経緯を経て、結局帝国は崩壊しました。

　やがてガリアや、とくにアルプス以北では、鬱蒼たる森林を開いた内陸部の土地に、自然経済的な「封建制」社会が広がりました。この封建制では、最大の「領主」としての「王」のもとに、この王との間で、自由な・双務的な「忠誠契約」を結んで——だから王の側にも、臣下への忠誠が求められました！——王の臣下となった「領主」（貴族）たちがいました。（また、その下には、同じ性格の契約を結んで領主に仕える騎士たちが居ました。）大小の領主たちは、契約によって上位者から「授封」された「荘園」を支配しました。しかしまた、この封建社会では「契約」だけではなく、それに伴う武人の「名誉」が大変重んじられました。いわゆる「騎士道」の一面です。興味深い世界です。しかし、荘園的・農村社会的な中世には、古代のアテネのような「都市」や「市民社会」は消え失せてしまったように見えます。しかしなお沿岸地帯には古代の商業都市が多少残っていました。また、内陸でも、中世後期にはしだいに中世の農業・手工業の生産性が高まり、王や領主たちが、「市場」からのマージンを得ようと、自治権を与えて遍歴商人・手工業者などに大小の「都市」を作らせました。遠い地中海の商業も復興し、一〇世紀以降は、内陸にも都市文化が発達し始めます。

　3.1.2　ところで、この「西洋中世都市」もまた、ポリスに似た一つの「市民団体」を成していました。ただし「中世都市」は、古代ポリスのように外部から政治的に独立した「戦士の共同体」ではありません。むしろ商人・手工業者たちの経済的な「同業者の団体」でした。それが、王や領主たちから一定の自治権を与えられたものにすぎません。しかし、遍歴商人、遍歴手工業者といった諸個人が、その地の教会を仲立ちとして、厳しく相互誓約を交わして一個の自治的な「市民団体」を結成していたのです。

　しだいにこの西洋中世都市には、「市民的政治」と「市民的政治意識」に関わる、重要な事態が生じるようになりました。都市の内部では、市

113

第二部

民の作る「都市参事会」がそこでの政治を担っていました。当初、この参事会の実権は、経済力のある大商人たちの上層組合が握っていました。しかし次第に、下層の職人諸ギルドなどから、参事会の民主化を求める闘争が起こって、彼らの権利が認められる場合も種々生じました。そこで、都市は、中世における民主的な市民たちによる「革命の場」となったとも云われます。ウェーバーは、民主主義を、「支配の極小化」――ないし、そもそも「支配という観念には馴染まない（herrschaftsfremd）秩序」――であると、たいへん逆説的な表現で特徴づけています（『職業としての政治』脇圭平訳・岩波文庫）。このハッとさせる民主主義の定義は、実はとりわけ彼の「西洋中世都市」論で、大変印象的に語られているところです。

　3.1.3　これに関連して、中世の後期には、アリストテレスの『政治学』が再発見され、とくにトマス・アクィナスによって、キリスト教の政治観との融合がはかられました。トマスは、例えば、暴君などは除去されてよいと論じました[12]。

　3.2　近世と、そして近代では

　3.2.1　では、「近世」に入ると、「市民の政治」や、「市民の政治教養」はどうなったでしょうか。

　「近世」とは、「近代」の入り口で、封建制の中から近代国家が生まれてくる時期、しかしまだ本格的な近代ではないという移行期、いわゆるearly modern を言います。

　従来の封建的・身分制的な上・下関係の「秩序」は、近世の資本主義――と言っても、いまだ健実な産業資本は成立していませんが――の発展によって空洞化し始め、先進地域は早くも「乱世」化します。やがて巨大な「商人・高利貸資本」（メディチ家など）の発展を基礎に、イタリアで花開いたルネッサンスには、あの明敏なマキアヴェリが出まして、眼前のイタリア諸都市の内外の「乱世」（一種の戦国時代）を凝視しながら、政治的リーダーは、どうすれば権力闘争に勝ってさらに強い権力

第五章 「市民の政治」とその歴史

機構（スタト）を掌握できるか、どうやるとそれを失うかを鋭く論じました。有名な『君主論』（河島英昭訳、岩波文庫）です。カール・シュミットの政治論を思わせます。スタトというのは、今日の state（＝機構としての国家）の語源で、支配者が、被治者と、外敵に対して、力を振える状態を可能にする権力機構のことでした。簡単化すれば、軍隊（むしろ「傭兵隊」）、治安機能と徴税機構のことです。

　ただし、マキアヴェリという人は権力追及者の師匠だっただけではなく、古代ローマの「共和制」の礼賛者でもあって、有名な『ローマ史論』なども書いています。このことは、何か分裂した印象を与えますが、混乱の時代のイタリアにあって、彼は「権力の技術」と、「共和制」という理想と、この両方を論じねばならなかったのです[13]。

　その際マキアヴェリは、あえて、キリスト教以前の古代ローマ人のような、virtù を持った人間を高く評価しました。この virtù とは、今の英語の 徳 の語源ですが、本来は積極的に自己の欲望を実現してゆく「男性的な活力」のことでした。マキアヴェリはいまや新たに発展し始めたイタリアの政治と経済は、再びこのヴィルテュ溢れる人間たちを必要とすると考えました。そこで政治においては、とみに腐敗していたカトリック教会やその倫理（ルターの宗教改革はこの後でした）をあえて無視し、「非倫理的」で非道な権力手段の行使をも辞さず、結果を出す人間が必要だと説きました。上品に平和を説いていても、平和を実現できなければ無責任でもあろう、という思想です。ルネッサンスのもたらした、剥き出しの情念と「権力の政治学」の「解放」に、マキアヴェリは鮮やかな表現を与えています。

　近世のフランスやイギリスでは、封建時代の末期から「王権」（王としての大貴族）が力をつけ、諸侯のもとへと分散していた権力を軍事的に掌中に統合し、「絶対王政」を形成しました。王による、「主権 sovereignty」の確立です。この王による「主権の確立」は、国内に相当な無理・軋みを生み出しつつも、英仏では、強引な国家統一をもたらしました。この「主権」という言葉自体は、一六世紀になってからフランスで

115

第二部

法学者のジャン・ボーダンが作りました[14]。

　3.2.2　時代を先へと突っ走りますが、イギリスの一七世紀は、「王権神授説」を、自己の支配権の根拠づけにしていた絶対王政下による種々の無理（宗教に関する強引な統制や、経済における、王権と結合した業者たちの「初期独占」の弊害など）が破綻して、内乱＝革命が生じていました。勃興して来た中産的な生産者層を担い手とした、いわゆるピューリタン革命です。そこで、あらためて、いっそう合理的な「主権の理論」の確立が求められました。内戦の最中に、冷徹なトマス・ホッブズ——彼はピューリタンに反対でした——は、横死の不安に怯える一人ひとりの人間こそが、政治現象の基本単位だと考えました。こうしてホッブズは、内乱のような「自然状態」では、「万人は万人に対してオオカミ」であると見ました。その上で、この恐ろしい自然状態は、すべての人が、各自の持つ、生存のためのパワーと能力を、「国家権力＝リヴァイアサン」に全面的に委譲する契約を全員で結ぶことによってのみ克服される、と論じました。「リヴァイアサン」とは、旧約聖書に出てくる恐るべきパワーの怪獣です。ホッブズは、人々がお互いに、生命以外のすべてを提供してこの怪獣を作る「契約」を結べ、と言います。そして同時に、このリヴァイアサン（＝国家）の主権者を指命せよ（人であっても、会議体であってもいいのですが）と言います。そうすれば、この主権者は、契約参加者全員からの委託による「主権」を持つことになる。この文脈から、この主権者だけが、「こうすれば平和が保たれる」、と彼（彼ら）が考える「法律」を意のままに作り、執行する権限を持つと言います。これに逆らうものは「契約違反者」として罰せられる。単純化すればこのように要約できる、一種「見事な」国家論・主権者論を、ホッブズは作りました。

　3.2.3　もちろん、現実に国民全部が集まって契約を結ぶわけにはゆきません。むしろホッブズの立場は、実は、その時に眼前に存在している国家権力を（当時の、クロムウェル革命政権であれ、のちに復位したチャールス二世の王権であれ）、こうした「契約による権力」であるか

第五章　「市民の政治」とその歴史

のように見なして服従するべしという、奇妙に実際的(de fact)な理論・立場でした。それでも、「主権とはこういう民意によって形成されているのだ」と説明できるということは、画期的・革命的なことでした。実際には独裁の論理ですが、ある意味、非常に「民主主義的」な説明になっているのはお判りでしょう？[15]

　とはいえ、この「権力国家の政治学」は、本当に、十分な意味での「市民の政治学」だと言えるでしょうか？　たしかに諸個人の相互契約によって作られる国家の理論ですが、個人の尊厳と自由が十分考えられているとは到底言えないのではないでしょうか。もっとも、ホッブズは、「心の中は自由だ、何を信じても、考えてもよい」と言っています。ただし、それを「言動に表してはならない」と論じています。「言論と行動の自由」を認めてしまうと、いろいろな意見がぶつかり合うことになり、それが結局は「リヴァイアサンの死」に至ってしまうからだ、と言っています。『リヴァイアサン』もまた一種の自由主義の国家論だという人もありますが、これに賛同するのはかなり困難です。ホッブズのこの政治センスは、アリストテレスやクリックのような自由な市民の政治センスとは正反対ですね。リヴァイアサンは、むしろ「絶対君主」が恣意的に支配していた旧国家体制（アンシャンレジーム）に似ています。また二〇世紀の「全体主義国家」にも似ています。――しかし、これではたまらないと考えた人々（市民社会）を代表してジョン・ロックが、ホッブズをも批判する『統治二論』（岩波文庫、加藤節訳→従来は『市民政府論』として出ていました）を書き、ここにようやく本格的な「近代市民の政治」の理論が、近代に登場することになりました。

　3.2.4　それにしても、ホッブズの議論は、一人ひとりの個人の心理と意思にさかのぼり、その一人ひとりの意志による「契約」によって国家が出来るという「理論」でしたから、形式上は、一応「民主主義」的な国家論になっています。理屈上は、あの「王権神授説」のような、圧し掛かるような権威主義ではありません。しかし、ホッブズは「万人は万人に対してオオカミ」で危険だから、すべてのオオカミ＝個人から、牙

117

第二部

も爪も、また、「敵・味方」を見分ける判断権や、その敵にどうやって立ち向かうかの判断権も放棄させ、これらを全て「主権者」に委ねさせよう、と考えました。

これに対してジョン・ロックは、「そもそも人間はオオカミではない」と考えています。人間は、単なる計算能力（推論する能力）を持つ野獣なのではなく、モラルと良心をもって、社会をかなり平和に営むこともできる、尊厳を帯びた存在である。ホッブズの人間観と自然状態のとらえ方は一面的だと考えました。既に自然状態においても存在している一定の平和を、いっそう確実にする権力（政府）を作ればよいだけだ。そのような政府を、諸個人が相互契約によって作ればよいだけだ。人間としてのすべてを、怪獣に与えてしまってどうする、と批判しました。要するに、「多様な個人」たちが、それなりにすでに形成している一定の秩序＝市民社会をいっそう確実に支え、その中の対立（や外国との関係）が紛争化する場合にだけ介入する「政府」を作る、という「契約」だけで充分だ、と個人の「自由」を最大限に尊重する国家思想を説きました。

もちろんこのような「市民の政治」とその議会には、そこに「寛容の精神に支えられた討議」の伝統が存在していることが必要です。内乱にはなりましたが、イギリス近代にはそうした「討議の伝統」も育っていました。内乱は、議会を無視した王権の側に問題がありました。二〇世紀イギリスの政治学者で、名著とされる『民主主義の本質』（永岡薫訳、未来社）を書いた A．D．リンゼイは、「討議による合意形成の精神こそ、イギリス・デモクラシーの伝統である」と誇っています。（クリックにも、どこかにリンゼイのこの誇りが継承されているように思われます。）[16]

3.2.5　ところでロックの議会制民主主義の議論の背後には、当時イギリスで力強く上昇して来ていた「中産的生産者層」の新しい「市民社会」のパワーがありました。彼らに支えられ、「信仰の自由」と「反独占」「営業の自由」を主張したピューリタン革命は、特権的な商人資本と一体化していたイギリスの絶対王政を解体し、王のいない「自由共和国 Free

第五章　「市民の政治」とその歴史

Commonwealth」を、一時イギリスに出現させました。クロムウェル政権です。クロムウェル政権はチャールス一世を処刑するなど、こわもての革命独裁の性格を強く持ちましたが、反面では国内の、かなりの思想的「寛容」と、とくに「営業の自由」を育成することに配慮しています。ロックの人間観・政治論には、こうした新しい国民経済の成立という現実もが反映されています[17]。

　このように、一七世紀後半からのイギリスでは個人の「精神の自由」と、また自由な「合理的資本主義」とを重んじる「近代市民社会」の安定と発展が見られました。「王政復古」で、短期間は「絶対王政」が息を吹き返しますが、しばしばロックの思想と結び付けて語られる「名誉革命」が、議会制民主主義の勝利を最終的に確定したのです。こうして、形式上の王位（君臨すれども統治せず reign, not rule）は残しつつ、「貴族院」と「庶民院」から成る議会が、それも「庶民院」が権力の中心となる「議会制民主主義」が（→一種の「混合政体」）、いち早くイギリスに確立されました。

　「政治と教養」という与えられたテーマとの関係で、クリックの政治学に注目し、それとの関連で政治の歴史についてお話しして来ましたが、政治学にはいろいろなアプローチ、いろいろな政治学があります。ロック以後の新しい問題もいろいろ生じています。今回はここまでにしましょう。また機会があれば一緒に考えてみましょう。

［補説 1］

　本文ではプラトンについて、少し失礼な話し方をしました。確かにプラトンは『国家』では、相当強引に自分の思想、政策プランを説いていて、「全体主義的」だという印象があります。現代の哲学者のカール・ポッパーは、『開かれた社会とその敵』（内田詔夫・小河原誠訳、未来社）という本で、プラトンを全体主義の元祖として批判しました。しかし、プラトンが、この本で、「国家の理想」（イデア）とは何か？　という根

119

第二部

本的な問題を提起し、それは「正しさ」ないし「正義」の実現だと答え
たことは、やはり刮目すべきことです。しかし問題は「正しさ」ないし
「正義」とは何か？でした。プラトンは、一人の人間の「健康な」（正し
い）状態と同様に、ポリスも一つの有機体に見立てています。そして健
実な個人と同様に、ポリスも、知・情・意のバランスが正しくとれ、欲
望的な部分（庶民層）や、闘争的な部分（戦士層）が肥大化することな
く、また知性（指導者層）が怠りなく叡智をもって、ポリスに正しい方
向付けを与える、という有機的な在り方が、健康で、それゆえに「正し
い」ポリスだ、と教えました。それが正義でもあると。その上で彼は、
市民たちを、各自の資質に応じて、「戦士層」、「経済活動層」に組織し、
そして戦士層の中から、傑出したエリートたちを選んで「指導者たち」
に組織する。その際、私心なきエリートたる（べき）戦士層と指導者た
ちは、私的には財産も妻子も持たないのが正しい、と論じました。『国
家』のプラトンは最後まで、人々と「対話」しながら議論を進めていま
すが、ここでは、まさに彼の「全体主義的」な思想が現れてしまってい
ます。これには、本文で触れたように、直弟子のアリストテレスが批判
を加えたのも無理はありません。——しかし、具体的な「答え方」はと
もかく、「国家の理想」は「正義の実現」にあるという思想、「正義とは
何か？」を考えよう、というプラトンの問題提起自体は重要です。この
「問題提起」は、まずアリストテレスが展開を図り、その後の人類の歴
史の中で、繰り返し検討されて来ました。「一足飛び」ですが、今日で
は、一九七一年に、アメリカのジョン・ロールズが書いた『正義論』(*The-
ory of Justice*、川本隆史、福間聡、神島裕子訳、紀伊国屋書店）が刊行
されたのを機に、あらためてこの問題が全世界で論じられています。ロー
ルズの言う正義とは Fairness のことで、この Fairness は「公平」と訳さ
れていますが、「フェア・プレー」のルールのことです。ロールズの答
えは、アリストテレスの「配分的正義」論の批判的展開となっています
が、社会的に種々のハンディを負った人々の人生にも、富裕な健常者に
も、十分フェアな競争条件を与える、という「正義」を論じ、その実現

第五章 「市民の政治」とその歴史

の諸条件を提示しました。

　ともあれ、何処の国の人であれ、人は、国内的にも・国際的にも、自国が、単なる「強者の利益」の追求ではなく、「正義」の追求を十分目指していると言えるだろうか、と「自問」する精神を失っては、古代の哲人に笑われるでしょう。

[補説 2]

　ホッブズとロックの「政治学」についても、もう少し付言しておきます。

　ホッブズにとっては、人間の「自由」とは、もっぱら「欲望の実現が妨げられないこと」でした。例えば、「危険だから逃げたい」という欲望を持った場合、足が縛られていてはこの欲求を「実現」できず、大いに「不自由」を嘆かねばなりません。マキアヴェリは「自然は、人間を、何でも欲求し得るように、しかしそれが実現できないようにも、作った」と言いました。人間とは「無限に欲望を持てるのに、それをそうは実現できない有限な存在だ」という意味です。中世人とは違った、ルネッサンス人らしい「人間解放」（欲望解放）の考え方でした。ホッブズにとっても、人間とはそういう存在でした。引力と空気抵抗が妨げなければ、投げられたボールはどこまでも物理的に「自由」に飛んでゆきますが、人間も、欲望を外から抑制する「制度」（彼の云う「リヴァイアサン」国家の法）が無ければ、各自で我儘勝手に自分の生存意欲と権力への意志を追求する狼であるという人間観です。これに対し、ロックの場合、「自由」とは、むしろ、各自の「自分の欲望追及・エゴイズムからの自由」のことでした。――「酒が飲みたい、やめられない」という人が、酒をあおり続けていて肝硬変で死ぬのは、「自由」ではなく「弱さ」にすぎません。そればかりか、健康や他人への迷惑も考えて、自分の欲望を自制できる能力（良心）こそが真の「自由」だ、という考え方です。つまり統御できない欲情や、また法律による禁止などのような外からの力によってではなく、自分の内面において「自己立法」した、自分の理

121

第二部

性(モラル)にしたがって生き得ることが、成人した人間の自由なのだ、というのです。また「こんなこと言うと祟りがあるかな」と思って、権力が怖くて言うべきことも言えない、ということなどは、人間としての尊厳と自由を放棄することだ、というのが、ロック的な言論の「自由」なのです。こうした人間たちの営む市民社会を、一層確実に保存するためにだけ、「政府」を作る必要がある、というのです。

　こうした「自由」の精神は、当時のイギリスの「中産的生産者層」の人々にかなり広がっていたモラルでした。その際、彼らに「自由」についてのこうした考え方、生活意識を形成させたのは、明らかに「宗教改革」、特にはカルヴィニズムの影響だったとされています。(トレルチ『ルネッサンスと宗教改革』内田芳明訳、岩波文庫)。ロックにおいては、ホッブズのようにルネッサンスの精神ばかりでなく、宗教改革の遺産(良心の再発見) も統合されています。ちなみにロックは『教育論』でも知られていますが、『統治二論』でも、生まれたときは小さな「野獣」である子供を、市民社会の一員として生きていける成人にまで「教育」することが、両親の責任——国家の、ではありません——だと説いています。が、面白いのは、成人すれば、もはや親は子を、自分の管理下に置いてはならないと、ロックが、成人した子の「人格」の尊厳・尊重をも、強く訴えていることです。もはや子は、親とも対等な成人であり、市民なのだから、と言っています。

【エッセイを兼ねた註】

1) 「共和制」は、君主のいない国家の政治のことですから、「市民の政治」の典型です。しかし君主が居ても、「立憲君主制」の下で議会が力を持ち、「市民の政治」が行われる場合もあり、今もイギリス王国 United Kingdom をはじめ、そうした形の「市民の政治」は行われています。
2) シュミットのこの本は 『政治的なものの概念』(田中浩・原田武雄訳、未来社)です。彼は、芸術においては「美と醜」、経済では「利と損」、そして政治では「友と敵」の関係が「基本」となると言っています。ここから戦争や革命とい

第五章　「市民の政治」とその歴史

う激しい政治現象へと、彼は話を展開しています。クリックも、これを否定は
しませんが、いっそう柔軟に「政治」を見ようとしています。―ところでクリッ
クの『政治の弁証』（前田康博訳、岩波書店）は、かなり読みにくい本です。
そこでむしろ、同じクリックの『現代政治学入門』（添谷育志・金田耕一訳、
講談社学術文庫）を、また目を少し転じて丸山眞男『政治の世界』（岩波文庫）
を読んでみるように勧めます。

3) ちょっと触れたポリス間の戦争はいろいろな事情で起こりました。一つには古
代ギリシャ人には、まだポリスを超える、一人ひとりの、人どうしとしての、
人間の普遍的な倫理意識がきわめて未熟だったために、ポリス間の戦争は絶え
ませんでした。二〇世紀には、1000万人が死んだ第一次大戦の反省から、画期
的な「集団的安全保障」の法理論が作られました。その一応の制度化が「国際
連盟」です。一九二八年には「不戦条約」も結ばれました。これらは、近代の
主権国家の、「自由に戦争する権利」を否定し、他国への攻撃開始を「犯罪」
的行為としました。また第二次大戦のあとには、今の「国際連合」が、「集団
的安全保障」のいっそう高度な再構築を目指して形成されました。しかし、当
初の意図に反して、「国際連合」もいまだ「主権国家の集まり」にすぎず、こ
の状態を超えるための国連の改組と、各国の主権のいっそうの制限とは容易で
ありません。しかし他方、核兵器・生物兵器の高度化と拡散は止まらず、核抑
止力とは、実は核がいつかは使われうるからこそ、破滅を恐れて恐怖の均衡が
保たれているということなのです。そこが古代から一九世紀までの世界とは全
く違う恐ろしさです。→「国際機構」とはどういうものか、また、「主権国家」
と「国際機構」の間の関係やその歴史に関心を持つ人は、最上俊樹『いま平和
とは』（岩波新書）、同『国際機構論』（東京大学出版会）などを読んでみてく
ださい。

4) そうした「現代の工夫」には、いろいろなことが考えられます。例えば、今日
の日本で改めて問題になっている、「選挙制度」の問題なども重要です。また
少数派や、弱い立場に置かれている人々の政治的権利をどう守るか、という政
治的「正義」の問題は極めて重要です。少数派や弱者として苦い目にあってい
る人々（人種や身分による差別、経済的階級分化による差別、宗教・宗派によ
る差別、性による差別など）の「政治的権利」を、どのようにして擁護するか
は、全世界的に、民主主義にとっての緊要の課題です。形式的な「民主主義」
では、強者によって全く隠蔽されてしまう社会の矛盾・問題を取り出して、こ
の事態を克服しようという「ラディカル・デモクラシー」（シェルドン・ウオー
リン）の具体化が求められている所以です。一国内でさえ、この問題の処理を
誤れば、弱者・少数派は、場合によっては、過激な反体制派となり得、体制派
との内戦の危機をはらんだ「敵・味方」の闘争が生じるからです。もし、その
国の多数派が、「彼らは排除しよう。彼らは敵だ」と言ってしまえば、シュミッ
トの云う「政治的なるもの」の悪しき「地」が露出して来て、「国内戦争」（相
互テロ！）に近づき、クリックの云う「賢明さとしての政治」は見失われるこ

123

第二部

とになります。まして国際政治では。

5) こうした古代の「家産制国家」では、エジプトの場合のように王権の神格化のために、王族の祖先神が国家の主神とされ、その神話と祭儀が神官官僚によって、国内に広められました。これはこのタイプの国家によって与えられた、国民の一種の「政治的教育」でした。（ご存知のように、日本の古代国家にもそれが見られました。）

6) 古代ギリシャの政治に関心が湧いた人は、ぜひ M. I. フィンレイの鋭い名著、『民主主義——古代と現代』（柴田平三郎訳、刀水書房）を、また民主主義全般については千葉眞『デモクラシー』（岩波書店）を読んでみてください。

7) ただし、これで「問題解決」ということではありません。客観的に見れば、古代ポリスは「奴隷制経済」に依拠していたという基本的な問題があります。これはポリスの「市民」たちには、彼らのこの立ち位置のゆえに、よくは意識できなかった「問題」でした。（岩田靖夫『アリストテレスの政治思想』岩波書店を、また、できれば大塚久雄『共同体の基礎理論』岩波書店の、古典古代の項をも参照してください）。

8) プラトンとアリストテレスの政治哲学については、岩田靖夫『アリストテレスの政治思想』と『アリストテレス・ロールズ・レヴィナス』（ともに岩波書店）が、その意義を、現代的視座から浮き彫りにしています。

9) ローマ精神史とストア派の関係については、少し難しいでしょうが、A. ダントレーヴの、辞典風の素晴らしい名著、『国家とは何か』（石上良平訳、みすず書房）のⅡ部の 1「国家と法——基本観念」。

10) キリスト教成立後のヨーロッパ政治思想史で最も重要な意味と役割を持ったのは、終末論的な「神の国」のコンセプトでしたが、これについては南原繁『国家と宗教——西洋精神史の探求』（岩波文庫）を読むように勧めます。

11) ローマ・カトリック教会は、ローマ帝国の官僚制機構に学び、広く「教会官僚制」を組織しました。（マックス・ウェーバー著『支配の社会学』創元社）。この強固な教会組織が形成されたことは、キリスト教の布教と、その後のヨーロッパ文化に巨大な影響を残しました。今の E.U. の中心部は、この「カトリック的中世」の歴史を共有した地域です。

12) 中世の政治思想については、鷲見誠一『ヨーロッパ文化の原像——政治思想史の視点から』（南窓社）。日本の封建制と西洋の封建制の異同については、『丸山眞男講義録』四「武士のエートス」（東京大学出版会）が、西洋中世都市と、とくにその「民主化」については、マックス・ウェーバー『都市の類型学』（世良晃志郎訳、創文社）や、増田史郎『都市』（筑摩書房）、田中豊治『ウェーバー都市論の射程』（岩波書店）がそれぞれ別の角度から検討しています。いつか是非読まれるとよいと思います。

13) 1975 年にイギリスのポーコックが、古代ポリス史からアメリカ合衆国史に至る「共和制」の伝統を、『マキアヴェリアン・モーメント——フィレンチェの政治思想と大西洋圏の共和主義の伝統』（田中秀夫、奥田敬、盛岡邦泰訳、名古屋大

第五章 「市民の政治」とその歴史

学出版会）で論じてから、マキアヴェリ研究は新たな展開を迎えました。

14） 「主権」については、またダンドレーヴの『国家とは何か』の「主権」項を読んでください。「主権」とは、国内の軍事力・警察力を、国家が独占することによって成立する、近代国家に特有の、「国家の絶対的で永続的な権力」（ジャン・ボーダン）です。これに類するものを実力（軍事力）で作り出したのは「絶対王政」でした。そのため、当初は、主権は、中世の「国王大権」と混同されていました。それが、のちに、「国家の主権」としてとらえなおされました。そこから、さらに後には「国民主権」による「国民国家」と言う考え方も可能になりました。ちなみに、日本における「主権の確立」はいつのことだったのでしょうか？

15） ホッブズ、ロックに学びつつも、のちにルソーの「社会契約論」は、ポリスの場合のような純粋な「直接民主主義」こそが重要であると訴えました。しかしポリスとは政治単位の大きさが全く違う、近代国家における民主主義のための制度の工夫は、ルソーには欠けています。今日の、「ネット」の普及は、直接民主主義の新しい可能性と、しかしまた「政治の炎上」の可能性とを、共に生じさせています。

16） ロックについて大切なことを付言します。「選挙」は、政治を全て議会に委任することではない。選挙後の議会が、もし国民の負託を超えたことについてまで、勝手に政策を決定するような法外な権力組織と化すなら、国民は「天への訴え appeal to heaven」を唱えて革命を起こす権利を持つ。というのが彼の論理です。これは、政治的な集会やデモの権利や、政治的な「死票」を少なくする「選挙制度」の要求や、国民の側からの「総選挙」の要求などの「正当性」を考えるためにも、重要な意味を持つロックの示唆です。

17） この経緯の背景については、ウェーバーの有名な『プロテスタンティズムの倫理と資本主義の〈精神〉』（大塚久雄訳、岩波文庫）を、ただし、訳者の分かりやすい「解説」から読むとよいでしょう。また、大塚久雄『宗教改革と近代社会』（みすず書房）、宮田光雄『宗教改革の精神』（創文社）が、分かりやすいと思います。ちなみに、二〇世紀イギリスの思想家アイザイア・バーリンは、名著『自由論』（みすず書房）で、「個人の自由」と、本当の「人権」の思想とは、ヨーロッパにも、宗教改革までは存在していなかった、という注目すべき指摘を残しています。

125

第六章　教養と物理

海老澤　丕道

はじめに

あなたがもし、食わず嫌いで物理を避けている人だったとしたら、まずこの「はじめに」と第一節そして第六節だけ読んでほしい。物理を知っているがやっぱり無理だと思っている人には、いいから順に読み進んでごらんくださいと言いたい。

物理学では、たとえば温度とは何か、熱とは何か、こういうことを勉強することができる。だが、どのように勉強すれば教養になるのだろうか。

筆者の担当した授業で、ある理系学生からのコメントに「ニュートンは『りんごは落ちるのにどうして月は落ちないのか』と考えていたらしい。そこでアリストテレスの考えを用いて考察してみたがどうしても分からなかった。『この私が分からないなら、アリストテレスの考えが違うのだろう』と逆転の発想にここで到ったらしい。結果として……（後略）」とあった。これを書いた気持ちは素晴らしいものだと思う。

本章では、物理学の研究者として夢中で人生を過ごしてきた一人の人間が、教養教育の授業でやってみたこと感じたこと考えたことを簡単に述べる。筆者の仕事のまとめでなく、教養とは？と考える際の材料として読者に提供する。読者として大学生を想定しているが、もちろん高校生で興味を持っている方々にも、またすでに社会人になっている方々にも、できれば読んでいただいてそれぞれに考えていただき、それを今後の学びに役立てていただけることを望む。

127

第二部

第一節　物理学を学ぶと教養が身につくのだろうか

　筆者は物理学を研究し、大学で教壇に立ってきた。最終的には教養教育にかかわった。そこでは当然のこととして、物理学を背景としての教養教育ということになった。物理が教養に役に立つのだと考えるとやりやすい。だが、すぐに表題のような疑問を自分に向けることになった。今の筆者の正直な気持ちは、そして心からのメッセージは、イエスである。もちろん注釈が付く。そのことを述べてみたい。

　「窮理」、とは何かご存じだろうか。明治4年に学制が布かれて尋常小学校がスタートした時の科目の一つである。窮理は物理を意味する江戸時代から使われた単語だが、数年後に物理にかわった。小学校の科目になったことで物理はとても身近なものになり、「窮理熱」と称されるような一つの流行になったという。現在の高等学校で物理を選択する生徒の割合が低いことと対比すると興味深い。

　福澤諭吉が「訓蒙窮理図解」という本を書いたが、当時の小学校3年生の「理学輪講」の教科書として指定されている。これを見るとどんなことが科目の内容だったかがわかる。たとえば、自然界では海や地上から蒸発した水が蒸気となり上空で冷やされて雲ができ、これが雨となる。物理では物質の相変化という現象であり、今だったら高校の物理では「熱と物質」のところで勉強する。原理を説明するのに福澤諭吉はなんと、その時代に実際に用いられていた蘭引（ランビキ）という道具を例に引いている。この道具は、大きなものでは焼酎や泡盛を製造する際に使われたもので、芋やコメを煮て発酵させてできあがった液を熱して蒸発させ、その蒸気を水で冷やしてアルコールのしずくを集める仕掛けであった。福澤は、中津藩の医家であった村上家の所蔵する道具で薬を作るときに用いられた小さな装置を、ランビキとして図に示して紹介している。明治時代の窮理においては、身の回りの道具の働きを見ることによって自然に起こる現象とその原理を理解させようとしたのである。

　ここでみられるように小学校で窮理を読み書き、数の計算、と同じようにだれでも初めに学ぶこととしてとりあげたのであった。自然現象に

目を向けてその理由を問うような教育を重視したことの表れであろう。だれでもが初めに学ぶことは、専門的というよりは教養の部類に属すると言ってよい。当時の人々は、物理を学ぶことを基礎の基礎として考えたのだと言えるだろう。今もその学び方ができるならそのまま教養になるかもしれない。

　現在は学校で教えられる物理学としては、高等学校で教わるのが最初である。数学は中学校からであることと比べると、相対的に物理の扱いは明治の昔と大きく変わったものだ。物理学は理科の一科目であり、学校によっては履修しなくても卒業できるし、大学に入るに差支えはない。したがって物理は大半の大学生にとって、高等学校で少し学んだかあるいはまったく無縁だった科目であろう。

　高等学校で物理学を履修する人は多くは受験科目として学ぶであろう。そしてこの人たちにとって大学で学ぶ物理学は、専門科目の基礎という位置づけである。だから普通は教養のためとは思わない。だが大半の人たちには、つまり高等学校でほとんど学ばなかった人には、大学で物理学を履修するということは、科目の分類上は一般教養の物理を学ぶことになっている。つまり、明治の昔と違って、物理を学ぶことが学生にとって二極分離しているようだ。窮理を学んで教養になったときとは違うことを考えねばならない。

　大学ではじめて物理学を履修する人たちは、これによって教養が豊かになる可能性が高い。専門科目の基礎としての物理学とは異なって、授業が、教員の考え方・授業の運び・得られるべきものすべてにおいて、制約の緩いものであるからだ。ただし実際に得られるものは学ぶ人の姿勢に依存する。だから確実に言えるのは可能性があるということだ。本章でこれからその内容について詳しく触れていきたい。では、専門科目の基礎として学ぶ人にはその可能性がないのか。筆者の答えは、「ある」だ。やはり学ぶ人の姿勢と、その際に何を心掛けるかに依っている。

　大学生のことに偏ったので、もう少し広げたい。物理を学ぶ人であればだれでも教養になるのか？もっといえば一生物理学を修め続けている

第二部

物理学者は教養人だろうか。私の答えはやはり、条件付きでイエスである。

第二節　人にとって物理とは何だったのか

　人は生き物として他の動物とは違ったことをする。その一つとして科学がある。人が科学するのはなぜか。人にとって科学とは何か。科学のうちでも物理学は根幹の部分をなすから、人にとって物理とは何かを問うてみたい。しばらくは教養について意識せず、まず人と物理との関係を考えてみる。その次に少し後になって、教養について筆者なりに問うてみることにする。

2.1　科学の起源

　物理学は人が作ったものである。対象は自然現象である。少なくとも最近まではそうだった。自然現象は人がそこにいてもいなくても自然に発生するものだから、人が作った物理学とは区別しなければならない。物理学は人間の社会や文化の発達とともに発達してきたものである。でも、なぜ物理学が必要だったのだろうか。

　太古の昔、人は食料を得るために狩りをしていたが、あるとき農耕をするようになった。これをうまくやっていくためには季節が分からないといけない。季節を知るということは暦を作ることと深い関係がある。暦はどうやって作ったのだろうか。昔の人は夜も空を眺めていた。夜の星空を見て天体の動きを観察した。すでに約 2500 年前のメソポタミアの記録には月の動きをもとにした暦の記述がある。約 5000 年前のメソポタミアに星座はあったようだ。

　今われわれが空を見上げてもそう多くの星は見えない。よく目立つ明るい星と、星の並びが分かり易くて目印になるような星座を第 1 図の中に描き込んでみた。星の位置は 2016 年 9 月 15 日の午後 8 時ごろのものである。星々は時間とともに次々に西に沈み、東から次々と昇ってきて一日で一回りするが、一日前の位置より少し西に回っている。一年で一

第六章　教養と物理

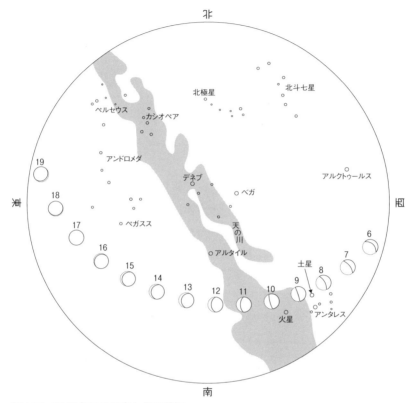

第1図　2016年9月の空と月の運行
月刊「星ナビ」2016年9月号掲載の「9月の空」をもとに著者が作成した。月の大きさは実視よりも大きく描いてある。

周する変化である。書き込んである月には満ち欠けの様子が記されている。添えてある数字は日付である。9月6日から9月19日まで毎夜の、月の恒星との相対的な位置をすべて示してある。月は星座に対して相対的に毎日少しずつ東に回って、約一月で一周する。

　月の満ち欠けとともに海岸での潮の満ち引きが変わる。このようなことは観察によって古代の人々も知っていただろう。最初は経験と知識でたとえば魚を獲ることや舟を出すことに役立てただろう。そのうちに知識として持つだけでなくその理由を考えるようになっていったであろ

131

第二部

う。これが科学のはじまりだと思われる。

2.2 規則そして法則の発見

人が科学するということはこのように、はじめは自然を意識する、観察する、それはなぜかと考える、その結果観察したできごとに規則性を見出すことになるだろう。見出された規則がいくつかあったとして、それらに共通の理由があることを期待する。より基本的な理由を求めてさらに考えるのである。

天体に限らず身近なものに対して、分類する、その分類に規則性を見出しその理由を物の中に入っているものに求める、あるいはより基本的な性質をさがす、事物の根源は何だろうかと考え、水だとか空気だとか土だあるいは火だとか議論をする。こんなことがギリシャの哲学のはじまりである。それが現在の科学につながった。

空を観察して太陽の動きで決まる一日を基準にした星全体の動きと、それに対する月の動きと惑星の動きの規則がわかる。その背景にある決まりごとに気づく。こうしてギリシャ時代の人は天体全体の構造として、人が乗っている地球を中心として、円運動をする月、太陽、惑星、そして背景に恒星全体の張り付いた天球、といったものを考えていた。最終的にプトレマイオスが本にまとめたものを概念的に第2図に示す。

この図では、惑星の運動は単純な円運動ではない。地球をまわる円を描いて動く点を中心とするそれぞれの小さな円軌道の上を回っている。大きい円を従円、小さい方を周転円とよぶ。なぜこんな奇妙な運動規則になってしまったのか。それは惑星の観測からわかる逆行について、その理由として必要だったのである。惑星は毎日少しずつ東の方に移動する順行だけではなく、月とは違って時折西向きに移動する。これを逆行という。これを第3図に示す。ある時の火星の位置を数日ごとに、近くの目立つ星や星団に対する相対的な位置として示してある。左が東である。初めは順行で途中逆行してさいごには順行するようすが分かる。これはすべての惑星に起こる現象である。地球を中心としてほかの天体が

132

第六章　教養と物理

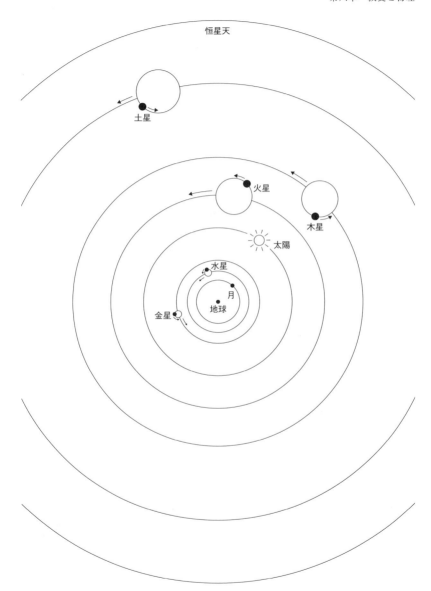

第2図　天動説における惑星の軌道
ちくま学芸文庫「物理学入門　力と運動」武谷三男著 109 ページ第 24 図の上半分を
もとに著者が作成した。

第二部

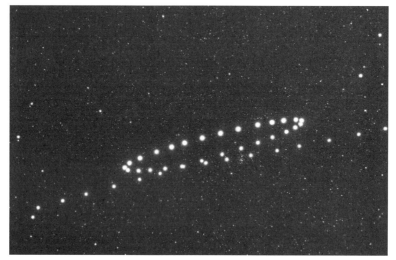

第3図　火星は恒星に対して順行あるいは逆行する
火星の逆行をとらえた写真。NASA の APOD に掲載された。2009 年 10 月から 2010 年 5 月にかけて数日ごとの火星の位置を、しし座、かに座、ふたご座の星々の間に写し込んだもの。オリジナルには日付が記されている。目立っている星は、レグルス、プレセペ星団、カストル、ポルックスなどである。Tunc Tezel による。

円運動をおこなっているとすると説明がつかない。苦し紛れのようだが第 2 図のように運動をしていると認めると、逆行の理由になる。惑星が周転円軌道のうちで地球に近いところにあるときに逆行する可能性がある。

　この説明は複雑すぎるとして地動説を発表したのがコペルニクスである。たとえば、地球は太陽を中心とした円周を第 4 図のように北から見て左回りに、火星はほぼ同じ平面上のもっと大きな円周をやはり左回りに回る。地球の方が一周の日数が短いので、いつも火星に追いつき追い越しそして離れるという相対関係になる。図の（A）に示すように、地球が太陽と火星の間に向かって近づくとき地球から見える火星の位置は見かけ上は星座に対して左向きつまり東側に少しずつ動く。図の（B）に示すように、太陽と火星のちょうど間くらいを追い越しているとき地

第六章　教養と物理

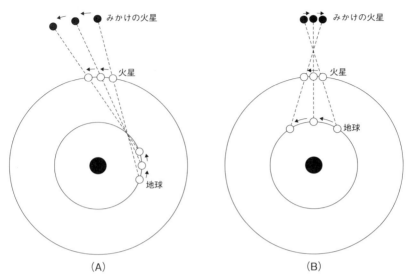

第4図　地動説で火星の逆行が説明できる
河出書房新社「ニュートン　私は仮説を作らない」E. N. ダ. C. アンドレード著　久保亮五／久保千鶴子訳 208 ページ掲載の図をもとに著者が作成した。

球から見える火星の位置は星座に対して右向きつまり西側へ動く。従円と周転円といった余分なものを考える必要はない。
　このように、より簡単な規則を求めていくこと、これが科学のしてきたことである。では、法則として確立するためにどんなことをしたのか。それは精度の高い測定である。ティコ・ブラーエは精密な天文観測を8年もの間続けてその時代のほかのだれよりも詳しく火星の位置を測定することができた。そこにケプラーが弟子入りしてデータを受け継ぎ、整理をし、3つの法則を得た。地球も火星も太陽を一つの焦点とする楕円軌道を描いていること、面積速度が一定つまり太陽に近い時は速く遠い時は遅い軌道運動の特徴、楕円運動の周期と太陽までの平均距離との間に関係式が成り立ってそれがすべての惑星に共通、の3つである。これは天動説から地動説に移る大きな力になった。ケプラーの3法則は経験的な法則であり、測定値と矛盾しないという意味で成り立つものである。

135

第二部

法則が得られ、科学は進歩した。

2.3　より基本的な法則そして物理学の誕生

　ところがニュートンは、これらの法則はこれよりも基本的な法則から導かれることを示したのである。彼が用いたのは、太陽から遠ざかるほど距離の逆2乗で弱くなる万有引力の仮定と、運動法則である。彼の考案した数学的方法を用いて、万有引力と運動法則とからケプラーの経験則が導かれた。ニュートンは自分がおこなっていることは哲学であると書いている。我々は彼のことを物理学者で数学者だと思っているが、そのころは物理学者という分類はなかった。彼より少し前のガリレオは実験や観測に基づいて力と運動に関する理論を作って、ニュートンに影響を与えていた。だから、物理学はガリレオとニュートンによってこのころ作られたといえる。

　このように観測と規則、数値化と法則の発見、それからより基本的な仮定や法則の導入、と進むのが科学のたどってきた道である。見えている経験則の背後にはもっと基本的な法則があると考えられた。そうするうちに物理学、そして化学、その他のさまざまな学問が生まれ育ってきた。19世紀にはファラデーとマクスウェルが電気と磁気の研究をした。その結果実用化への道も開けたが、同時に研究はより基本的な法則へと向かった。

　いろいろな実験がおこなわれて、熱と温度、音や波、気体や液体など流体の動き、などでさまざまな経験的な法則が発見された。すると、その背後にある少数の法則でそれらを全部説明するにはどうするか、を考えることになる。そこで原子論が登場した。たとえば、気体は目に見えない分子の集まりであるとして、気体の法則を多数の分子が飛び回っていることから導く。分子運動論である。数学的な方法はニュートンによる力学であった。電磁波の予言をしたことで知られるマクスウェルは気体分子の速度の分布に関しても大きな貢献をした。ニュートンと同様にイギリスの国民的な敬愛を集めている人である。

第六章　教養と物理

2.4　人の感覚と物理学の乖離

このように物理学が進歩してくると、原子論によって温度は分子の速度の大きさの指標だということになり、音は物体の振動が波として伝わっているものだと判明し、流体の流れや渦は構成分子の速度の平均値とその空間分布の回転的な構造であるということになった。人が五感を使って感じ取り、聴き取り、それによって喜んだり悲しんだりしている日常と、物理学が追い求めている法則や研究の対象とが離れてきた。生きていくために必要だった自然の観察が科学の起源だったとしても、今や科学の目的は変わってしまったのだろうか。一方で、より基本的な法則を求める科学者の追究はさらに進み、とどまるところを知らなかった。

19 世紀も終わりころになるとニュートンの運動法則では不十分であることが、実験を進めていくと分かってきた。物質を熱して気体にして光らせたときに出る光は化学で炎色反応を学ぶとわかるように、それぞれの元素に特有である。プリズムで光を波長別に分解して写真にとると、それぞれに特有の波長の光だけが出ていることがわかる。波長の数値の系列に規則性が見出された。熱いガスから出る光はさまざまで美しく、プリズムを通した映像もカラフルで美しい。また、測定から得られた規則は数学的に単純で、ある意味美しい数式である。が、数式のほんとうの理由はその時はわからなかった。

2.5　現代の物理学の誕生

熱せられたガスから出る光の波長の規則性について、より基本的な法則にあたるものは、プラスの電気を持つ核とその周りを回るマイナスの電気を持つ電子という原子の構造と、その運動法則としての量子論である。

量子論の父といわれるボーアが提唱したことは、原子核の周りをまわる電子は太陽の周りをまわる惑星とは違い、円運動だとしても軌道は条件を満たすものだけが実現するということだった。ボーアの量子条件といわれている。これを前提にすると波長の数値に成り立つ数式はそのと

137

第二部

おり導かれる。だがしかし量子条件はまだ経験則に近い。さらに基本的な理由を求めて、何年にもわたる嵐のように活発な創造的な研究がおこなわれて、ハイゼンベルクやシュレディンガーほかの人々によって量子力学が発達した。ハイゼンベルクの不確定性原理のように、それまでの考え方、つまり目に見えるものの運動を観測してその後の運動を予測するニュートン力学とはまったく異なる考えが出てきた。

原子のレベルでは物体の運動の軌道を幾何学的な線として考えることはできず、広がったぼやけたものとしなければならない。広がっているという意味は、位置が確率的にしかわからないということである。それまで自然を観察し記述し予測するには物体の刻々の位置を表す数値を用いていた。人が観察してもしなくても物体の位置には違いがなく、速度に違いはない、と思われていた。ところが量子力学では、もし人が観測して位置を表す数値を得れば、その観測が以後の測定値に影響を与えてしまい不確定になる。量子力学の法則が教えてくれるものは、測定した場合に得られる数値についての確率だという。法則そのものに人の観測が前提になっているのである。ハイゼンベルクは、自然科学はいつも人間を前提にしている、と言っている。自然科学は人と無関係に存在するものではないことをさらに明確にしたものである。

2.6　物理学と人とのかかわり、今後

量子論の生まれる直前の時代、真空中でマイナスの電気を持った粒をプラスの極板金属に引き付ける実験をしていたレントゲンが、新しい放射線を発見した。X線とよばれている。彼は電子が金属に当たったとき光よりずっと短い波長の電磁波を出す現象を発見したのであった。新しい放射線は、光を通さない板や手などを通りぬけ、到達した写真乾板には途中に置かれた金属や手の中の骨の影がとらえられたのである。X線を鉱物の結晶に当てたときに後方の写真乾板にできる規則的に並んだ点のパターンを観測して、この光線は電磁波であることをいち早く示した日本の物理学者がいた。寺田寅彦である。結晶の構造もこれによって知

ることができるのである。

　ところが、実は彼よりもひと月早く同じ結果を出していたブラッグ父子に先を越されていた。ブラッグ父子はこれによってノーベル賞を受けたので、これはとても残念に思われる。しかし、寺田寅彦はブラッグが研究していることを知って、自身がこのテーマで研究することをやめてしまった。後追いで同じことをするのを嫌ったのだという。寺田はまた随筆家としても知られているが、その中でも、外国でやられている研究を追いかけることを戒めている。彼が目指したのは自らの力で研究を独自に進めること、たとえば線香花火のパターンとか、墨流しのように身近な現象に見られる単純ではないことを科学的に解明することだったという。科学の原点に立ち戻り、創造的な研究をしたのだといえよう。

　20世紀にさまざまな物理学の進歩を経ていま物理学は新しい方向を探りつつある。科学の進歩の結果得られたさまざまなことが人間生活に役に立つことが分かってきて、利用しやすい法則さがしとか、役に立つ物質の探索や創成、役に立ちそうな現象の探索などを求める研究活動が続いている。19世紀の終わりでいえば熱の研究もそうであったが、最近でいえば光を発する半導体LEDの創成がその例である。結果としては身近なものにみえるが、最先端の研究対象と研究方法は非日常といわざるを得ない。高温・超高圧・超高エネルギー・宇宙のどこにもない極低温などの状況を作り出したり、原子を平面的に並べた一層しかない構造を作ったり、している。精密な測定法が発達したり、超高速で計算ができたりなど、物の研究とともに法則そのものの研究も進んでいる。

　よいことばかりではなく、悪いこともある。兵器に用いられて戦争で多数の命を奪ったり、科学技術の進歩による社会の変化が地球温暖化を招く要因になったりしている。物理学者を含めて科学者がやりたいと思うことと人間社会が思っていることがずれていることも問題である。次に何をすべきかをどのように決めるか、これは大きな課題である。間違いなく科学はこれからもどんどん進歩していくからである。

第二部

2.7 科学と物理学

科学の誕生と進歩を見てきたが、科学はしかし物理学のみではない。自然現象のみならず人がかかわって起こされまた作られる現象や事物を含めて、それぞれについて記述し、その法則や理由の追究をする人々の活動はすべて科学といってよいであろう。時代とともに分化し、化学、天文学、生物学などが生まれ、細分化したり深まったりして科学のさまざまな分野が生まれ育ってきている。現在では物理学は、研究が活発におこなわれている科学の一つの分野であるというべきかもしれない。

しかし、今から学ぼうとする人たちが学問というものの形や仕組みを学び、また、人が新しい知識と新しい法則を求めておこなっている活動について学ぶとしたら、はじまりから今にいたる連綿とした進歩の歴史によって体系化され精密化されてきた物理学は、それに最も適した学問分野であるといえよう。

なお数学も哲学および物理学と同時に生まれて進歩してきたものであるが、物理学をはじめとする自然科学の諸分野とは目的も方法も異なっている。物理学と影響しあって進んできた結果が今の数学であることを考えると、教養と物理と数学という論題も興味深い。ただ、筆者の力では教養と物理にとどめざるを得ない。

第三節　教養とは何か

ここまでは物理のことを詳しく書いてきた。物理と教養について筆者のしてきたこと、考えたことを述べるためには、少しだけ教養のことを書いておく必要があろう。

3.1　自分の位置を知ることだ

ここでいう「知る」は、単に調べて知識として得ることではない。人類の歴史を知り、宇宙全体を知り、自分の国・家族・育った環境を知り、受けた教育を知る、こういうことはそれぞれ重要なことには違いないし、そのために調べ、読み、見聞きしなければならない。それ自体としても

容易なことではない。だが、本当に知ったことになるには、得られた事柄を記憶としてため込むだけでは足りない。では、どうすればよいのか。

3.2　生きるための知恵
ここで「生きる」とは仕事をして収入を得ることだと取ると、専門知識や能力のことになってしまう。そうでなくて、「〇〇らしく生きる」のように生きる意味を豊かにしなくてはならない。そのために何をすればよいか。

3.3　教養とは一生かけて身につけるものだ
教養科目は大学では新制大学になって長い間1、2年次で単位をとる科目だったが、今や1年次でとる単位が大部分になった。専門教育は職業を持ち暮らしを立てるため早急に必要なものだといわれたりする。これらと対比して「一生かけて」にはそれだけの意味がある。他方で、高度成長期は終わり今や成熟した社会を意識するようになって、やっぱり教養教育は必要だ、専門科目を学んでからの高度教養科目だ、といわれるようにもなってきた。では、1年次で学ぶ教養科目の位置づけはどうなるのだろう。

3.4　知識を生かす力
どうやら教養とは知識そのものでないらしい。よく、知識と能力とを身に付けるという。知識が重要だというならばそれを活かす能力が役に立つ。どうしたらその力がつくのだろうか。

ここで記した疑問は、解決しなくては大学を卒業できないわけでもなく、仕事に就けないわけでも、起業できないわけでもない。答えは、自分を高めようと努力している人の終わることのない学びから、試行錯誤で徐々に得られると思う。さらに、若者に必要な教養があるように老年になっての教養もある、と考えている。

第二部

第四節　教養になる物理の学びかた

　物理に関心を持つ学生諸君は次の 2 とおりのいずれかであろう。まず、高校で物理を学んできた人は、多くは大学でも専門上の理由で物理学の単位を取らないといけない。その際、高校で学んだ物理のイメージのまま現実の大学の物理学の授業を受けて、イメージとのギャップに戸惑う人が多い。どうすればいいだろうか。反対に、高校で学んでは来なかった人は、高校生の時に気になったが機会がなかったとか、勉強したかったが余裕がなかったということであろう。この人たちが受けられる物理学の授業があったとして、どのように学べばいいのか。

　幸い高校の先生が素晴らしい先生で、受験の物理ではない本当の物理の面白さについて手ほどきをされた、ということも時々耳にするが、そういう場合には大学の物理の教員が講義する物理学もしっかりと受け止めることができよう。今後はそういう先生が増えることを願う。

　この節では物理を学ぶことで教養が身につくとしたらどんなことか、述べてみたい。

4.1　物理をかじる

　ここではまず後者の人たちが「物理をかじってみよう」と思ったときに、どのように学ぶべきかについて書いておきたい。筆者は東北大学教養教育院の教員として 6 年間「おはなし物理学」の授業をしたが、その時に受講した多くの学生諸君にはそのことを理解していただいたと思っている。その授業はもう履修できないが、学ぶ姿勢が正しければ、物理学の教科書や参考書を読んでもそれを教養にすることができると思う。

　かじるという言葉は食べ物でいえばリンゴをかじるとか煎餅をかじるというように、そのものの一部分を噛んで食べることをさす。勉強や読書に関しては最後までは到達できなかった場合をいうのだが、ここでいう意味で、つまり物理学の専門家になるためにではなく物理を学ぶのは、なるほど「かじる」という言葉があっていると思う。では「物理をかじって」みたらそれは教養になるのだろうか。

142

第六章　教養と物理

　ここで物理のかじり方に、正面からかじる、と横からかじる、の区別をしてみよう。まず前者はまともに行くこと、つまり物理学ってなんだとかどんなことが分かっているのかと、とりあえず知識を得ることである。ただ、それで終わりではなく、それを学びや生き方に活かすという意識がほしい。次に横からというと、物理学そのものではなく物理学を含めて科学や学問が人にとってどんなものなのかを知るという意味がある。つまり、正面＝物理学そのもの、横＝科学の進歩と人、という意味になろうか。

4.2　温度と熱

　物理学ではたとえば温度とは何か、熱とは何か、こういうことを勉強することができる。温度とは、ものの温かさ冷たさを表す指標で、数値化することができる。感覚的にもだれでも理解できるものだ。熱いものと冷たいものを接触させると熱いものは冷えて冷たいものは温められていく。最終的に変化しなくなった状態を物理では熱平衡という。このとき同じ温度になったという。

　一方で、熱は 18 世紀には物質の一つだと考えられていたように、温度とは区別される。移動することができる「熱素」の考えが分かり易い。たくさんあると熱く少ないと冷たいと考えていた。定量的に研究した人がブラックというスコットランドの学者だった。熱い水銀を冷たい水の中に入れるとジュッという音がしてすぐに冷えてしまう。このとき水はたいして温かくならない。実験をして、理由を考えた。熱の量が共通に与えられた際に物質によって異なる温まり難さ、を表す指標として熱容量を定義する。これは物質に固有な性質であり、水は熱容量が大きいので熱をもらっても大して温かくならないといい、水銀は熱容量が小さいので熱を手放してしまうとすぐに冷めてしまうという。

　このように実験をして理由を考えていくことで熱と温度に関する物理が進歩した。いろいろな研究がされたのだが、たとえば気体について実験して得られた法則がある。身近に経験することのできる例として自転

143

第二部

車の空気ポンプを思い出してみる。ポンプを引いて空気を吸い込み、押し込んで空気をタイヤの中に送りだすが、その時に吸い込んだ空気の体積が縮められる。頑張って押しているので空気の圧力が上がっている。このときにポンプの胴が熱くなっていることに気づくであろう。気体を圧縮すると熱くなる、これが経験的に得られる法則である。さて物理学を勉強して、事実と法則をいろいろ知って、「こういうことが物理の知識だ、そういう時はそうなるものだ」と言えることが目的だろうか。ちなみに、ここでは物理を正面からかじっている。

4.3　熱は分子運動の激しさ

物理学では、温度は物質を構成している分子それぞれがばらばらに激しい運動をしているその激しさの程度の指標であり、熱は総エネルギーつまり分子それぞれが持っている運動のエネルギーの総和量であるという。これを説明するために筆者の授業ではスクリーンに投影して見せているスライドの中にアニメをとりいれた。概要を第5図に示す。シリンダーを表す箱とピストンを表す蓋があって気体の分子がもし見えたとするとこのように飛び回っているということを動画で示したのである。図の中のピストンをドラッグして動かすと、たとえば体積が減る過程がみられる。その結果分子の飛び回る速さが全体的に速くなり、運動が激しくなることが見て取れるようにプログラムされている。現実のポンプの中で起こっていることを想像すると、分子がピストンにぶつかってたたくので、分子が速いとたたく力がより強く、だからピストンをより強い力で押さなければならない。このように、体積を縮めると温度も圧力も高くなるという経験的事実は、分子の運動が平均的に速くなるとして解釈することができる。数式で表して示すこともできる。

どのようにしてこの考え方が生まれたのか。科学の歴史をたどるといろいろなプロセスを経ているのであるが、今まとめてしまうと、基本的な法則とこの考え方とに基づいて数学的に予測をし、それと測定したこととを比較するのである。一致すればこの考え方は正しいということに

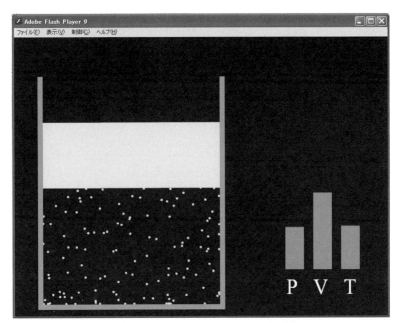

第5図　シリンダー内に閉じ込められた気体の分子運動の概念図
ピストンを動かす時の気体の圧力 P、体積 V、温度 T の変動が示される。

なる。見えない分子運動について見てきたかのように理解することができた。これが人の知識として加わっていった。このようにして物理学は進んできた。ちなみに今の例では基本的法則とはニュートンの力学法則であり、ピストンを押していくと分子がぶつかって跳ね返るときにどれだけ速くなるかを数学的に求めることができる。

4.4　法則と理由の追究

こういう研究を物理学者はおこなってきた。これは数学そのものではないし測定そのものでもない。人が考えて推測して量的に見積もってその結果が測定値と一致したならば、経験として知ったことの理由が説明できたことになるのである。経験したことを整理した特徴や規則が、基本的な法則や物の目に見えない構造を想定することで説明できること、

第二部

これを学ぶと、自然現象には必ず理由があって物理学ではその説明を見つけるものだ、と理解できるのではないか。

　物理学を学ぶと、とくに大学で教養の物理学を学ぶと、自然のできごとや、われわれが作って使っているものについてその動きや性質や特徴にはちゃんと理由があるのだということが分かってくる。しかも、数少ない法則がいろいろなことの理由になっていることがわかる。先の例でいえば、力学の問題として考えると野球でボールをたたけば速いスピードで飛び去るが、グラブを引きながら受けると速いボールでも遅くなって掴むことができることは事実として知られている。それには力と加速の法則が理由になるが、ピストンを押し込むと空気が熱くなるし引くと冷たくなることの理由にもなっている。

4.5　何を学ぶべきか

　専門科目として物理学を学ぶ場合には、基本法則をはじめに知り、それによって理由付けができるさまざまな現象とその理由付けについて数学的論理的になるべく厳密な仕組みを知るという、専門外の人から見るとおよそ気の遠くなるような多くの段階を系統的に踏んでいかねばならない。ただ、そういうことが好きな人がその道に入るのだし、何であっても専門を身に付けるとはそういうものである。

　かじる人についていえば、物理学には多くの現象や経験的にわかる法則と、数少ない基本法則と、それらを結び付ける理由付けがある、ということが分かってくるだけでよいと思う。また物理学が進歩してきた過程では理由がわからなくて混乱していた段階から、解決して今の物理学が得られる進歩があった様子を理解できるだけでよいと思う。もちろん、さらに得るものを大きくしたいならもっと踏み込むべきであろう。他人事として結果を受け入れるのではなく、過程をよく見ることであり、筆者の好きな言い方をすると、その進歩にかかわった人について考えてみることである。これは、正面からかじるときの話であるが、横からかじることに通じている。

第六章　教養と物理

　物理をかじった結果、現在の人々が手にしている知についてまた人類の能力について知識と見解と判断基準を備えた人になるなら、また今後むつかしい問題に直面しても自分が経験して知っていることの背後にある見えないものについて自ら考える態度と能力を身に付けることになるなら、物理学を学ぶことが教養のレベルをあげることになっていると言ってよいのではないか。

第五節　教養のために自分を鍛える

　物理学を高校では学ばなかった人が物理をかじることは専門外のことを勉強する一つの例である。そのように、専門外の勉強のことを教養だと考える人が多いのではないか。よく、専門外の勉強によって視野を広げるという。視野とは、物事が見えてくる視界（受動的）の範囲ではなく、物事を考えたり判断したりする（能動的）範囲のことである。すると、単に専門外の知識をため込めばいいというものではない。では教養を身につけるためにはどんな学びをすべきか。ここからは、物理学というよりももっとひろく科学に技術も含めて、学ぶことが教養になる例を筆者の経験をとりあげて示したい。それは 1 年次学生向けに 6 年間実施した「科学と人間」という授業のことである。

5.1　科学論の授業・科学史の授業に似ているが別物

　科学は、人々が研究することにより進歩してきたのだが、ここ数百年の進歩は非常に速い。ここまでに物理学の進歩のことを書いて、科学は人が研究するものだということを述べた。古くは生きるために必要な知識からはじまったと考えられる科学だが、次第に人間の感覚から乖離（かいり）していったことも述べた。科学の目的は科学自体をより深くより鋭く研くことに向かった時もあったが、ここ数百年の進歩を経て、変わった。今どのようになったのかを知り、今後どのように科学を進めていくべきか考えていける力をつけることは、今学ぼうとしている学生諸君にとって重要な課題である。

147

第二部

　授業ではまずそのことを示すために、まず授業の初回にノーベル賞学者からのメッセージを紹介した。一人目はノーベル物理学賞を受賞した朝永振一郎が 1971 年に松本市で小中学校の先生方に向けて、なぜ物理学を研究するかを語った講演の内容、二人目はノーベル化学賞を受賞した野依良治が 2011 年の東日本大震災に関して発したメッセージである。これらによって現代の科学技術が抱える問題がよくわかると思ったからである。

　朝永振一郎の語ったことを簡単に紹介すると、まず、科学とは何か、意味は何か、人間にとってプラスのものかマイナスのものか、人間を幸福にするものかと問いかける。では人間が科学をすることは何に基づくか。動物と人間が自然環境に対して自分を守ることに違いがある。人間は自然界の法則を知ろうとしてきた。こうして科学の歴史をたどってみる。科学による人間疎外を指摘する。科学が発達することによって、かえって科学は「非常に灰色の非人間的な世界となる」という。科学についての本当の理解はなかなか難しいが、科学自身、また人間自身の中に逆説的なものがある、と述べている。

5.2　科学者にいま求められていること

　東日本大震災では津波による沿岸部の被害だけではなく、原子力発電所が津波に襲われた原子炉事故の被害がたいへん大きかった。いまだに広い範囲の人々の生活が元に戻らないし、原子炉の後始末に何十年も要することで、社会的に大きな問題を突き付けられその解決はなかなか難しい。これについて、事故の約 2 か月後に TV ニュース番組のインタビューに答えた野依良治の言葉を紹介した。アナウンサーが天災かと尋ねたところ「違う。原発事故は人災だ」と明確に答え、いくつかの大事な考え方を述べている。その中で寺田寅彦のことを紹介した。寺田寅彦は「天災は忘れたころに来る」という警句を発したことでも知られているが、また「正しく恐れる」ことが大事だと説いた。これについて野依は「正しく恐れる」は「科学的にしっかり」と把握して備えることだと

いう。「科学」と「技術」を区別したうえで、技術の問題である「想定外」は科学には関係ない、科学者の社会が少し内向きである、科学者はもう少し「社会のこと」を考えるべきだ、今後のために科学者から社会へのアピールが必要だという。こういうメッセージを受け止めて知識にし、その意味や今後のことについて自分で考え、それを表現することが教養に結びつかなくて何であろう。

5.3　講義を受け止めて感じたこと考えたことを文字にしてみる

　その後の授業では、物理学そのものというよりは物理学あるいは関連した科学の研究を題材にして、研究者が何を目的に研究したのか、何をどのように社会に向けて発信したのか、どう受け取られたか、を講義から学び、それについて各人なりに感じたり考えたりしたことを時間内にコメントとして文字にする作業を課した。取り上げた人物は、アリストテレス、デカルト、ベーコン、ガリレオ、ニュートン、ワット、ファラデー、マックスウェル、ダーウィン、ボーア、アインシュタイン、湯川秀樹、朝永振一郎らと、それぞれと同時代の人々であった。学生諸君から提出された文章には目を通して、筆者からの一言（時にはかなり長いコメント）をつけて返却し、他の学生に参考になりそうなコメントは次の週の授業で紹介した。この授業は、ゼミにおける発表や体育科目における実技のような訓練の要素を含めておこなったものであり、全員ではないにしてもかなりの割合の学生にとって刺激となり、鍛えられる機会になったと思っている。

　筆者のおこなった授業のことであり、授業実践の価値や効用をここで評価することは適切ではない。むしろ学生諸君からのコメントの要約を以下にいくつか挙げることにより授業の様子を感じ取っていただけるなら、授業実践に関するひとつの説明になると思う。

5.4　原発事故の原因と今後の課題で考えさせられたこと

第 1 週に一人の学生から「私は工学部の人間として、科学の研究によ

第二部

り生まれる技術がどのように社会に影響を及ぼすかを考えると同時に、その技術が社会にどのように見られているかを常に考えねばならないと思った」。またある理系の学生から「今回は想定外のことが起きたといわれているが、真理の追究がなかったのだと思う。野依さんは技術の問題だとしたが、私の考えでは技術は科学の上でしか成り立たないので、科学の甘さが原因だ」。このような学生諸君は、考える力を高めていく入り口に立っているといえよう。ある文系の学生からは「現代の我々の生活は進化を遂げてきた科学に大きく依存している。この重要な科学は高度に専門化してしまった。素人には容易には理解しがたい。説明を求めようにも内向き科学者からは学べない。専門家が外向きになることを期待するよりも我々素人が理解しようとすることが大事なので、専門にとらわれないで広く知識を身につけようとする教養教育は、だからこそ重要なのだ」。とても印象的なコメントである。

5.5　ニュートンがしたことと我々がなすべきこと

第6週のニュートンについての授業で、ある理系学生の書いた文章の一部を「はじめに」で引用した。その続きを含めてもう一度引用する。「ニュートンは『りんごは落ちるのにどうして月は落ちないのか』と考えていたらしい。…『この私が分からないなら、アリストテレスの考えが違うのだろう』と逆転の発想にここで到ったらしい。結果として『月も落ちている』ことを理論的に示した。つまり、りんごも月も同じ法則に基づいて運動していると考え、それを証明した。さらにフックが $F = kx$ という法則を発見したが、ニュートンは運動方程式に取り入れて $ma = -kx$ のように力の向きにまで言及し、円運動と単振動の関係まで導き出した」。ここでは、授業で学んだことと自分が前から知っていたことをあわせて系統化しようとする様子が見える。

同じ授業で、ある法学部の学生からは「数学的に構築された理論というものは、そこにいたるまでの数学的体系を学ばなければ理解が困難である。日常生活で対面する現象の多くを数学的・論理的に説明するため

第六章　教養と物理

に高度で複雑な理論を用いることが必要なことがよくあり、したがって結論にいたる過程の理解不足が生じて『科学の人間疎外』を生む。しかし、だからといってすべての人間に専門家と同様の知識・理解力を求めて『科学の人間疎外』を打破することは難しい。私たちの必要とするアプローチは他に存在すると考えた方が良いと思う」。

5.6　絶対零度を目指す研究について知って

　最終週にあったある理学部物理学科の学生からのコメントの一部である。「科学にはゴールがないからこそ、説明をし、その説明ではだめではないかと新たにゴールを設け再び説明し、という繰り返しの中で発展してきたことが分かった。宗教心を持っている研究者で、究極の真理は神しか知らないのだから科学がすべてを解明してくれるわけでないという人がいる、と読んだことがある。逆に、科学が絶対の真理だと思い込んでしまい、自分がすべてを解明できると思っている人もいるという。科学の意義や目的は、科学者もそうでない人も考えるべきだということだが、その際にはゴールがないことを前提に考えたりものを知ったりする必要があるのではないか」。

第六節　物理学を学ぶ意味は何？

　ここまでは、だれが学ぶかを特定していない。とりあえず大学生に限ることにして、以下に、その人の専門分野によって学ぶ意味も方法もまた内容も異なることを具体的に示したい。ただし、学部を限ればだれでもそうだというわけではなく、ここはあくまでも例示である。個人差がとても大きいからである。また、大学における全学部を網羅することはできそうにない。自分がどこにも当てはまらない学生諸君は、書かれていることから自分向けに推察してほしい。

6.1　文系学生には、物理学がどんな学問であるかを知ってほしい

　中学校まで理科で教えられるから自然現象には理由があることを知っ

第二部

ているはずだと思う。ただ、現象ごとに理由があるのではない。筆者の授業を履修した学生が「物理の法則が、単に一つの現象だけではなく共通にいろんなことの理由の説明になっていることに気づくことができた」のように書いてくれることが多い。この人は、物理学を理解したといえると思う。

こういった教員を喜ばせる言葉は一つの「表現」であって、専門として物理学を学ぶ学生が書くのとは重さが異なることは当然であるが、それで構わないと思う。苦労して数学的に間違いないことまで確かめる理系学生と同じことはできない。文系の分野でも法学部、経済学部、文学部、教育学部のそれぞれの学生に、気質やものの考え方のスタイルがあって興味深い。上記のように書く学生は法学部に多いと思う。経済を学びたい人達には案外数式にこだわる人が多い。歴史の好きな人は、物理学の発展の詳細に興味を感じるのではないか。それぞれのやり方で物理学を理解すればよいのではないか。

6.2 物理学科または応用物理学科の学生が、物理学を学んで教養になるのか？

この問に答えることは簡単ではない。物理学をどう学ぶかで答は異なるのである。あえて簡単化していうと、物理学とは何かを考えながら学ぶならば、たとえガチガチの専門的な物理学の授業科目を受けているとしても、イエスである。極端にいって、与えられた現象の記述、法則、それにより得られる結果や物理学の体系を機械的に学習し、与えられる問題を解ければよいと考えているならば、ノーである。

筆者自身が物理学科で学んだが、昔の物理学科と現在とでは違いがあるように思う。学科の定員も多く、だれでも物理向きの数学が得意だったり、物理実験が得意だったり、とは限らないのではないか。物理が好きだということが共通だとしても、いろんなタイプの人がいると思われる。その人たちが専門の物理学を学ぶときには普通は共通の教育プログラムに従う。カリキュラムはおおよそ積み上げ式である。年々物理学は

進歩し新しく発見された現象やその法則や物質の種類が増えるのだが、まずは過去に確立したことを系統的に学び、理論計算や実験を繰り返してみる、その作業は膨大である。

その中で、自分の進路を考える必要がある。皆が皆物理学の研究者になるのではなく、技術者になる場合もあるし、物理学を修める努力によって培われたその人の能力を活かして予想外の分野で活躍することもある。ここで思い浮かぶ一例は、ドイツの今の首相、アンゲラ・メルケルさんは大学では物理学科で学び、東ドイツの科学アカデミーで働く博士から政治家に転身した人である。

物理学は基礎の学問である、基礎をしっかり叩き込んであるのであとで何をやるにしても役に立つのだ、という議論がある。しかし、融通の利かない基礎がいつも役に立つとは思えない。応用がきくからこそ役に立つ。応用が利く基礎を身につけていたとしても応用する姿勢や能力がなくてはならない。物理学科の教育プログラムは基礎を基礎としてではなく応用できる力を養うものとして学べるようになっているのであろう。

6.3 工学系の学生の場合

物理学は数学および化学と並んで必修になっている場合が多く、学科によって指定される分野は異なるが、専門科目の学習に必要な基礎知識と理解力を身に付けるために履修することになっているものである。教養科目としての位置付けではない。だから、いろいろな現象について覚えたり分類したりという知識をただ覚える可能性がある。それに、関係する公式を覚えること、公式の当てはめパターンを記憶すること、などが期末試験対策に重要である。こういう学び方になってしまうことが心配である。

工学系の学生の行動をみていると、インプット、つまり学ぶべき対象が出現すると、それに対して最小の思考で最短の時間で結果を出すことが得意な学生が多いように感じる。パターン当てはめを志向しないで物

第二部

理学を物理学らしく受け止めてほしい。理由を深く考えて答えを出すような考え方を、まずは理解しようとしてほしい。もし、自分でもできるようになればなお良い。のちに工学の専門分野で新しいことを開拓する場合にとても役に立つであろう。

6.4 生命科学系の学生には、物理学の基礎知識と能力が不可欠である

研究の最先端では、研究対象が広がり、研究手段も拡充され、分化した分野の間も互いに影響を及ぼしあっているようであり、まるで19世紀終わりから20世紀初めの物理学の状況のようである。規模と速さにおいて比べものにならないが。そう思うと、物理学の法則なり研究方法なりを利用するための学習にとどまらず、物理学が進歩してきた道、それを担った人々、について知ることは役に立ちそうである。知識獲得、能力向上のほかに、先を見通せる力など、地力をつけることが大切ではないか。

6.5 医学系の学生諸君には、入試を物理で受験した人が多い

しかし、将来医師としてまた医学の研究者として物理学がとても必要だと思う人は少ないであろう。学生諸君の中には、受験の物理を勉強するうちに幸い物理が好きだと思ったり物理学について大事なことを理解したり、興味を持つようになった人たちもいるように思う。

医療用の機器を操作する、機器について研究するなどの道に進みたい人たちは、細かい知識と実地に仕事に使えるほどの計算力を身に付けなくてはならないであろう。だが医師になる人たちは、そこまで細かくまた厳密に学ぶことはない。もし物理学をかじってみたいと思うなら、高校までの物理の理解力の範囲で学びとってほしいことがある。医師は専門家であると同時に多くのことに通じていることが望まれるが、物理学の学問体系はそれと似ている。細分化していながら大元で繋がっていて互いに簡単に分かりあえるところがあるのだ。

そんな学習を1年次でするのがよいのか、いったん専門の基礎につい

第六章　教養と物理

て素養ができてからするのがよいのか、それは一般論ではいえず、専門
分野によっても異なるかもしれない。教育プログラムを準備される先生
方がお考えになるであろう。

おわりに

　物理学の研究をしながら大学で教育に当たってきた筆者が、機会を与
えられて物理学者としてできる範囲で1年次学生向けに、それぞれの教
養の一部に役に立つようにという意識で授業を6年間おこなった。その
内容とそこで考えたことを基にして、読者が教養について考える材料を
提示したいと思い、書き連ねてきた。

　本当は、物理の中身についてある程度詳しく書きたかったが、ほんの
少しにした。物理学の歴史に触れて授業ではほんの少ししか話せなかっ
た現代の物理学についても書きたかったが、これも、あきらめた。学生
諸君が授業から何を受け取り、何を感じ、考えたかをもっと紹介したかっ
た。履修学生が書いてくれた文の蓄積は筆者の宝物であるが、「科学と
人間」全15週の最終週に書かれた授業の感想の中から3人分、要旨の
みをここに紹介しておきたい。

　「15回の講義を通じて『科学と人間の関係』という興味から『科学の
人間疎外』『科学と宗教倫理』という問題意識に変えることができたと
思う。そしてその問題意識を書き表す技術を向上できた。今後は、語り・
述べ、議論するレベルを上げたい。」

　「科学の人間疎外は、解決に宗教、法学、経済学などの助けも必要だ。
自分自身で考え、この問題を解決するために知識を深め、どう行動する
かを考えていきたい。」

　「工学部学生であるので技術者として科学と接していく際にこの授業
で考えさせられた科学のあり方を役立てていきたい」

155

第二部

【読者のためのブックガイド】

　筆者は子供の頃は読書がいちばん好きだった。記憶にない小学校低学年時代は、放課後ずっと下校時刻まで図書館にいて、最後は追い出されていたのだそうだ。中学生までは子供向けの物語に夢中になった。アレクサンドル・デュマの『モンテ・クリスト伯』を中学生程度向け翻訳『巌窟王』で夜更けまでかけて読んだ。翌朝は体調不良で起きられず、たぶん熱が出て、気がついたら担任の先生が枕元に見舞いに来られていてびっくりした記憶がある。正直にそう話して言い訳をしたつもりだったが、早速担任から皆に伝わり極まりが悪かった。傷ついたとか、いじめにあったとかの悪い記憶はないから、ほめられたに違いない。そのころは学校で推薦してもらう仕組みはなく、学校の図書館に並んでいる本の中から自分なりに選んで借りて読んだ。小学校では友人の仲間で人気のある『ルパン』ものは競争になった。

　前置きは、以下のことはこういう人が書いている、と思いながら見ていただきたいからである。内容は『教養と物理』ではかなり理屈をこねたのと対照的に思い出話となんとない感想である。読書についてのエッセイは、本の著者が見えるのと同じように本の読み手も見えてくるようなものがいいと思う。

　子供の頃から物語のほかには科学読み物に熱中した。たとえば、トンネルの完成までの記録のようなものは物語としてもおもしろく、わくわくしながら一気に読めた。部分的には今でも印象に残っている。戦前の発行で『丹那トンネルの話』としてだいぶ前に復刻されているものだと思う。こういう本では科学技術について何が難しかったか・何が進歩だったかを知る勉強にもなった。ちょっと前の学生諸君には『新幹線をつくった男』という旧国鉄の技術者島秀雄を描いた本をおもしろいと思った人が多いのではないか。今の学生諸君にも今に合った本が見つけられるであろう。筆者自身がここ数年に読んだもので例を挙げると、『小惑星探査機はやぶさ』がある。

　それぞれの本の著者が描きたいことはいろいろあろう。科学技術そのもののていねいな分かり易い説明が読者の知識を増してくれるならば、とてもためになる。が、それ以上に、関わった人々の悩みや心配ごと、人々の間の気持ちの行き違いや仲たがいなどが書かれていることも多く、他人事と済ませられない読者には強い印象と生きる知恵とを与えてくれる。

　筆者にとってそういう経験になった本は、『二重らせん』である。DNA 分子の構造を解明したノーベル生理学医学賞受賞者の一人ジェームズ・D・ワトソンが著した。大学院生の頃に読んだ。どうすればノーベル賞が取れるかを書いた本は怪しい本だろうが、こうしたから取れたのだと受賞者本人が書いているものは、お勧めである。なぜかというと、そういうことを知り自分なりに考えると、研究の方向付けや研究発表に関する知識とか能力がアップすると思うからである。世にいう教養書の分類に入るかは別だが。とくにこの本はワトソンの強い個性に違和感があった。

　子供のころ熱中した科学読み物のもう一つのタイプで、なんとなく内容まで覚えていたものとして『おはなし電気学』がある。戦前の本で、父の書棚にあった。電

156

第六章　教養と物理

気の物理から始まり、発電・家庭内の電気・電車・放送・テレビジョンなど、説明がじつに懇切ていねいである。ここには開発にかかわった人は出てこない。が、電気を使う人々の存在が書かれている。使う人が操作し感じることが目の当たりにできるし、自動交換機以前の電話の話で「交換嬢」という人たちが登場するところは微笑ましい。今は多くの文庫本や新書本でこのように新しい知識を得ることができるが、ここまで味のあるものは少ないように思う。

　科学者として顕著な仕事をした人が一般向けに書いた本には、研究の内容と別にその人の考え方が表れているものが多い。アインシュタインとインフェルトによる『物理学はいかに創られたか』ではニュートンの力学とファラデーの電磁気学の歴史を「力学的世界観の勃興と凋落」として語り、自然科学とは人間のどんな活動かを示して、次いで、今の物理学の2本の柱である相対性理論と量子論を詳しく説いている。数式はほとんど出てこない。どんな現象のどういうところに着目するか、どういう理屈にするかなど、言葉で展開していくので、筆者はこれこそ教養書であると思うのである。

　そういったタイプの、ここ10年くらいで筆者が読んだ本、読もうとしている本の山の中から、長谷川眞理子著『科学の目　科学のこころ』、佐藤文隆著『物理学の世紀』、中谷宇吉郎著『科学の方法』、湯川秀樹著『物理講義』、朝永振一郎著『物理学とは何だろうか』（上下）、中村桂子著『科学者が人間であること』、小林道夫著『科学の世界と心の哲学』を挙げておきたい。

157

第七章　教養の三層構造

工藤　昭彦

はじめに

　本章は農業経済学という筆者が研究を進める過程で体験した教養論である。教養とは何かといった定義めいたことを述べるつもりはない。どこまで一般化できるかは別として、教養の透視図は互いに関連・増幅する三層構造になっているのではないか。それはまた時代や社会の動きを反映しながら目的に応じて姿態変換する運動体ではないか。記憶をたどりながらそんなことを書き記してみたい[1]。

第一節　専門研究と教養

　農業経済学の研究を志そうとした時、指導教授にいわれたことが忘れられない。専門研究と教養が抜き差しならぬ関係にあることを示唆されたからである。筆者が大学院に進学して間もない頃であった。指導教授が私に向って何気なくこう呟いた。「農業経済学をやるならオールラウンドプレーヤーにならなくちゃ」。その時は、たいして気にも止めなかった。農業経済学は応用学問。経済学など関連分野の勉強は当然必要になる。その程度のことなら少しは心構えができていた。わざわざいわれるまでもない。そう高を括っていた。ところが「ガルブレイスが農業経済学で博士号を取ったことを知っているか」。そう問われた時はわが耳を疑った。『ゆたかな社会』、『新しい産業国家』などベストセラー本の著者ガルブレイスから農業経済学を連想できなかったばかりではない。応用学問であるはずの農業経済学がこんな著作を生み出すパワーを秘めていることが信じがたかった。「オールラウンドプレーヤー」とはこのことか。はたとそう思い知らされたのである。

159

第二部

　当時のことを思い出すために、最近出版された伊東光春著『ガルブレイスーアメリカ資本主義との格闘』[2] をという本を読んでみた。それによれば、新古典派経済学の非現実性を批判し市場原理主義が暴走するアメリカ資本主義に警告を発し続けたガルブレイスの思想の原点は、移民の子として生まれ育った環境にあった。彼が生まれたのはカナダの南部オンタリオ州の小さな村。そこに暮らす住民のほとんどはスコットランドからの移民の子孫であった。人々は時に譲り合い、時に助け合いながら暮らしていた。アメリカとは明らかに違う、スコットランド系の農村コミュニティーが脈々と引き継がれていたのである。個の自由を自己目的化する社会でもなければ市場原理を万能とする社会でもなかった。「このガルブレイスの生い立ちが、のちのガルブレイスの考え方に与えた影響は大きい」と著者はいう。父の勧めで入ったオンタリオ農業カレッジの卒業論文は「小作農の実態調査」。その後、カリフォルニア大学バークレー校では、大恐慌に苦しむカリフォルニア農業の実態をくまなく調査し、農政改革の方策に関する実学的な研究で農業経済学の博士号を取得した。「よき師、よき時代、よき友」に恵まれたバークレーで、ガルブレイスは「深淵な抽象」と彼が呼ぶ経済学、経済思想史、経済史、政治学など「アカデミズム」分野の研究にも余念がなかった。それはやがて経済の理論と思想、それを生んだ時代と社会との関連を縦横に読み解きながら、アメリカ資本主義の実態をすぐれた直観力を駆使して実証的に洞察する作品へと結実していったのである。「オールラウンドプレーヤー」としての面目躍如たる活躍ぶりであった。

　なるほど指導教授が云いたかったのは、こういうことだったのか。農業経済学は実証的な学問。だからといって「深淵な抽象」分野の学問と決して無縁ではない。むしろ両者相まって通説を覆すような成果が生まれる。それは何も農業経済学に限らない。やがて異なる専門分野をも射程内に取り込みながら学問の幅を拡大・増幅していく。そういう可能性を見据えながら農業経済学に取り組んだら。ガルブレイスという模範的な人がいるじゃないか。今にして思うに指導教授が助言したのはそうい

う意味合いのことだったに違いない。

　ただ、当時の私はそこまで深く受け止めることができなかった。ガルブレイスは知っていたし、書いたものも少しは読んでいた。決定的だったのは、農業経済学とガルブレイスの接点も両者をつなぐ研究の回路も見えていなかったことである。「農業経済学の関連分野はできるだけ幅広く勉強しておいた方がいい」というぐらいにしか考えていなかった。基礎となる経済学など「深淵な抽象」分野の講義は一般教養科目として広く開講されていた。そのいくつかは単位を取得していたが、それで一件落着。専門研究へ活かす回路は切断されたままであった。

　大学院進学後も専門研究関連分野本や関連研究論文を手広く漁り、他研究科や他大学のゼミにも足繁く通った。専門に関する知識は増えたしその分野も広がった。あとで考えれば、それはそれで決して無駄ではなかったし、専門研究を進める上での通過点でもあった。ただ、専門研究への回路が見えない知識は、たとえ増えたとしてももどかしかった。専門と知識あるいは教養が、抜き差しならぬ関係にあることを実感できなかったからばかりではない。両者相まって研究の活路を見出すまでには至らなかったからである。ガルブレイスに近づくには、いましばらく修行のための時間を必要とした。

第二節　知識力としての教養

　専門研究を進める上で、関連分野はもとより幅広い知識は必要だとしても、単に知っているというだけでは力になりにくい。専門研究の輪郭が見え始めると、それに応じて必要な知識の優先順位も分かるようになる。知の引き出しに分野が違う知識を仕訳し、整理・集積しておくこともできるようになる。こういうことを繰り返しているうちに、乱雑に分散していた知識が意味のある形で知の引き出しに集積されていく。引き出しを取り違えることがあっても、気が付いて入れ替えることができるようになる。専門研究と知識の関連が深まるにつれ、知の引き出しの量も数も増えていく。乱雑な分散知がいわば所番地のついた意味のある集

第二部

合知として引き出しを満たすにつれ、専門研究の視界も開けてくる。そうなるともはや単に知っているだけの知識ではない。必要に応じていつでも出動できるパワーを注入された知識力になる。

　知識力が問われるのは、何も研究の世界だけに限らない。人生や人格形成という目的に適う知識力もあれば、政治・経済・社会改革のために必要とされる知識力もある。その意味で目標や目的に向かうベクトルを内在した知識が知識力ではないか。かといって乱雑な知識が無意味だというわけではない。知識が相当程度の量に達しないと知識力を自覚することもできないからである。

　私のつたない経験に照らしてみても、研究テーマの輪郭すらぼやけたまま乱雑な知識の収集に明け暮れる日々がしばらく続いた。関連本や研究論文を手あたり次第に漁り、可能な限り多くのゼミにも参加したので知識だけは増えた。分野の違う院生や研究者との議論にも、さほど臆せず加われるようにもなった。ただ、知識が増えるとかえって自分が取り組む研究テーマを絞り込みにくくなる。思いついたテーマの大半は、すでに多くの研究業績があるからだ。苦しんだ挙句、新しい事象を取り上げ素早く小論文にまとめるという安易な手法に走りがちになる。これなら数多の研究業績に悩まされなくとも済む。過去の私自身、そんな思いで立て続けに数本の小論文を書いた。テーマが新しいだけに、注目してくれる人が少しはいる。ささやかな達成感を味わうことで、多少の気晴らしにもなった。

　ただ、その程度の研究だと、ため込んだ知識の大半は出番が回ってこない。専門研究と知識の回路は相変わらず閉ざされたままだ。耐用年数の短い研究論文は紙くずになるのも早い。虚しさが募り悶々とした日々が再び続く。やりがいのある息の長い研究はできないものか。それにはやはり研ぎ澄まされた問題意識・問題関心が必要だ。そんなこんなで格闘しているうちに、「これでいけるのでは」といった閃きに似た感覚が脳裏をよぎる時がある。ため込んだ知識をフル動員して確認作業を進めるうちに、乱雑な分散状態だった知識も比較的すばやく仕訳・整理され、

意味のある形で知の引き出しを満たすようになる。専門研究と知識の回路がつながり始めると、研究のスピードも加速する。そんな体験をしたせいか、知識が知識力に転じたと思う瞬間は、ある種の開放感とともに記憶の片隅に残っている。

　教養もまた乱雑に知識が分散している状態ではないはずだ。知っているだけなら単なる物知りの域を出ない。何がしかの目的に適うパワーを注入された知識力こそが教養ではないか。それは他者から与えられるものではない。教養本を読むだけで身につくというものでもない。自ら試行錯誤を繰り返すうちに、いつの日か閃きがやがて輝きを増すようになるものだ。知の引き出しに蓄えられた知識力としての教養は、目標や目的を達成する基盤であり基盤教養である。かといっていつまでも引き出しに止まっている訳ではない。いつでも出動できる準備が整っている教養は、次のステージを目指して活動を開始する。その過程で知識力としての教養は新たな装いを纏うことになる。

第三節　応用力としての教養

　知識力としての教養は、目的に応じていつでも出動する準備ができている教養である。出番が回ってくると応用力としての教養に姿態を変える。その意味で応用力としての教養は転換教養であるといってもいい。繰り返し応用力がためされることで、知識力にも磨きがかかる。新たな知識力が知の引き出しに加えられることも希ではない。知識力と応用力の相互作用を通して、教養は厚みを増していく。自らの体験を思い浮かべながら、やや具体的に説明してみよう。

　農業と資本主義の歴史過程について悪戦苦闘しながら調べていた頃のことである。農業恐慌や農民の貧困問題、飢餓問題など一連の農業問題がなぜ起きるのか。その原因を突き止めようとしていたが、難問であった。時間が経つにつれ、事実関係はそれなりに把握できようになる。ただ、実際に起きたことをいくら並べてみたところで、問題の発生原因が分かるわけではない。各国の歴史を背負った自然産業である農業の特殊

第二部

性を踏まえながら、問題を引き起こすに至る資本主義と農業の因果の連鎖を論理的に整理することで、はじめて原因の究明に近づくことができる。

　ある時「これでいけるのでは」と閃いたのは、宇野弘蔵氏の論文で「農業は資本主義にとって苦手である」[3]という一文に巡り合った時であった。苦手だからこそしばしば問題が起きる。かといって切り捨てて食料不足になると、資本にとっても労働力の再生産に支障をきたす。農民の貧困問題や飢餓問題が社会不安の引き金になるような事態も放置できない。資本主義体制が揺らいでは元も子もないからだ。資本主義が見出したのは、解決までには至らないにしろ、何らかの形で問題を処理するという手法であった。

　だとすれば、農業恐慌が一般の経済恐慌に比べて長期に及び深刻な事態を招くのも、農業は資本主義の苦手部門だからに違いない。仮説ができると研究の方向も見えてくる。知識力も応用力へと姿態を変える。所番地が経済の知の引き出しから恐慌論を取り出し、それを尺度に農業恐慌について考察する。典型的な経済恐慌は 10 年周期で出現した。そのメカニズムは、抽象度の高い理論レベルで相当程度解明されている。対する農業恐慌は、10 年周期のような循環性が見られない。概して長引くのも農業恐慌の特徴だ。何がそうさせるのか。最大の要因は農業が資本主義化されていないことにある。

　資本主義の主軸産業が工業であるのに対して、農業は小農経営が支配的な状態が延々と続いた。小農の経済行動は資本主義的企業のそれとは違う。苦手な農業を植民地に追いやるという傾向も強まった[4]。加えて自然産業である農業は豊凶変動が避けられない。資本主義の経済法則が貫徹され難い農業の特殊要因を組み合わせながら紐解いていくうちに、非循環的な長期農業恐慌のメカニズムも透けて見えるようになる。その結果、難解な大内力の『農業恐慌』[5]も粗方解読し、知の引き出しに収めることができた。

　さらにいえば、農業恐慌は確かに特殊であるが、一般の経済恐慌と全

第七章　教養の三層構造

く無関係に発生するわけではない。一般の経済恐慌を煽り長引かせる、無視し得ない要因になることもある。例えば、ウォール街の株価の暴落に端を発する 1929 年の世界大恐慌。あれは循環性の恐慌というより、広く深くかつ長い恐慌として世界を席巻した。恐慌の一因に両大戦間期の世界農業不況が絡んでいる。このため農業恐慌の特殊要因を 29 年恐慌の分析に活かすことで、興味深い研究成果を上げた人もいた。大学院のゼミでお世話になった渡邉寛氏もそのうちの一人である[6]。具体的な説明は省くが、こうした成果が経済恐慌を増幅する特殊要因として、経済の引き出しにフィードバックされる。

　恐慌下における農民の経済的窮乏やそれに端を発する社会不安にしても、放置できなくなれば何らかの対策を講じることが避けられない。あれこれ多様な対策も、農業問題の処理という視角から整理するとその本筋が見えてくる。例えば、社会不安やそれに伴う暴動に対しては鎮圧・懐柔・宥和・方向転換など抑圧・誘導的な措置が発動される。緊急避難的な救農政策や価格支持政策など、経済的窮乏緩和策も登場する。問題処理の推進役たる機能を担うのは、強まる国家主義的イデオロギーや通貨の国家管理などだ。多岐に及ぶ対策も、農業問題の政治的処理、経済的処理を両軸とする座標におとしてみれば、政策意図やその限界も浮き彫りになる。その過程で、フル動員された知識力は応用力に姿態変換しながら厚みと量を増し、目的を果たしたあと再び知の引き出しにフィードバックされる。

　知識力という基盤教養の姿態変換を促すという意味で、応用力としての教養は転換教養である。平たくいえば転換教養は目標の達成を支援してくれる。目標は締め切りのある夢。研究上の目標、人生の目標など、締め切りのある夢の実現を支援するのが応用力としての教養であり転換教養ではないか。

第四節　洞察力としての教養

　知識力、応用力をフル動員しながら目標に迫る過程で、その先どうな

第二部

るかがある程度見えてくることがある。そこまで到達すると、教養は洞察力としての教養に姿態をかえる。急速にグローバル化が進む現代は、海図なき航海もしくは漂流の時代。自分なりの羅針盤を持たないと、たちまち迷路に迷い込む。物事の本質や世の中の先行きを見抜く力が、これほど必要とされる時代もめずらしい。それを抜きにしては行動指針が定まらない。その意味で、洞察力としての教養は実践教養である。

　転換教養から実践教養への推進力は、相対化と演繹的手法だ。相対化というのは絶対化し、それに溺れることを回避するために一歩退いてみること。中心部とは相当距離のある周辺部から観察することと、いいかえてもよい。演繹的手法というのは、一つの事象から他の事象を論理的に導出すること。農業経済学はメジャーな世界の学問ではない。資本主義から阻害され、周辺部に追いやられたマイナーな世界、辺境の世界を研究対象とする学問だ。メジャーな世界と距離があることで、かえってよく見えることがある。相対化・可視化する上で、地の利がある学問であるといってもいい。

　例えば、スティグリッツというアメリカの経済学者が「世界を不幸にしたグローバリズムの正体」[7]という本を書いている。グローバル化の中心にいるアメリカの経済学者が、何故こんな本を書くのか。読んでみると、彼は若い頃、3年間ほどアフリカのケニアで大学教員のポストについていた。貧しい人々の暮らしを向上させる方法はきっとある。そう思って、研究を続けていたそうだ。辺境の地で彼が見抜いたのは、単純に自由競争を続けると、ケニアのような国はますます貧しくなるという、流行りの新古典派理論とは真逆の結論であった。したがって、この本の中でも問題解決に必要な政策・制度面での対策を相当克明に書き記している。彼はもともと数理経済学者で、情報の非対称性に関する理論研究で2001年にノーベル経済学賞を受賞した。ただ、この本は全く数式を使わずに、グローバル化の弊害とそれに対する処方箋を平易な言葉で説いている。

　私自身もまた、農業問題の処理について研究しているうちに、見える

ようになったことがある。戦後の一時期、農村にひしめく大量の過小農の経済的窮乏は、大きな社会問題であり政治問題であった。問題の政治的処理に抜群の効果を発揮したのは農地改革である。アメリカ占領軍の強力な後押しを受けて発動されたこの改革により、わずか3年間で小作地総面積の8割に相当する200万ヘクタール近くの農地が解放された[8]。これにより、激増した農民運動は潮が引くがごとく終息した。

その後、農地改革の成果を維持する農地法をはじめとして、戦後農政の骨格が相次いで創設・整備され、猫の目農政と揶揄されながらも、時々の事情に応じて農業問題を処理する政策装置として機能した。ただ、農地改革後の経営規模1ヘクタール前後の過小農民が、農業所得だけで経済的に自立することは不可能であった。農民の貧困問題が処理できなければ、再び社会不安を招かないとも限らない。対症療法的な小農保護政策を打ち出したとしても、効果のほどはたかが知れている。そんな中、経済的な問題処理の役割を一手に引き受けたのは、思いがけなくも1955年頃から日本列島を広く巻き込んだ、高度経済成長の嵐であった[9]。

農家の二、三男は職を求めて都市へと大量に流出した。残った農家の世帯員は、工場の地方移転等で近場に雇用先が広がると、それまでの出稼ぎから通勤兼業に切り替えた。こうして日本では、農家の大半が兼業農家に転身するという、世界でも類例のない全面的兼業化の波に洗われたのである。言い方を変えれば、農家世帯員は老若男女を問わず経済成長を支える労働力として総動員された。

この結果、農家世帯の所得は、サラリーマン世帯の1.4倍近くに達するほど向上した。農家が農業所得を増やすことで、経済的に自立したわけではない。農家所得の9割近くは兼業所得であった。農民の貧困問題は、高度経済成長とリンクした全面的兼業化もしくは全面的脱農化により経済的に処理されたのである。食料問題も農業技術の進歩や食料を海外から大量に輸入することで緩和され、飢餓や極端な食料不足といった深刻な事態に見舞われることはなかった。貧困問題、食料問題という意味での農業問題は、解決されたといっても過言でない状態がしばらく続

第二部

いた。

　ただ、貧困・食料問題の戦後的処理は、強烈な副作用を孕んでいた。
全面的兼業化の進展は、若者の農業離れとも相まって農村の過疎化・高
齢化に拍車をかけ、農業・農村の衰退・荒廃を加速させたからである。
その結果、国民の暮らしに関わる新たな問題が懸念されるようになった。
大まかにいえば「里山・里地の荒廃」、「食に対する不安の増大」、「伝統・
文化・社会の亀裂」、「食の大量輸入が招く環境負荷」といった問題であ
る[10]。

　人々が暮らす近場の山林や原野など里山・里地はムラの人々が無償で
守ってきた自然である。農業・農村が衰退し、そこに住み続ける人がい
なくなると里山・里地の維持管理も難しくなる。ここは近年、生物多様
性の宝庫として注目されるようになった。2010年に名古屋で開催され
た生物多様性条約第10回締約国会議（COP10）では、日本政府の提案
で「SATOYAMA イニシアティブ」が世界に向けて発信された。自然資
源の維持可能な管理・利用のための共通理念を構築し、世界各地の自然
共生社会の実現に活かしていく取組を促したのである。

　生物多様性の危機は、何も日本の里山に限ったことではない。世界各
国、各地域で問題になっている。背景にあるのは、程度や様相の違いこ
そあれ中山間地域の農業・農村が一様に衰退を余儀なくされているとい
う厳しい現実である。「伝統・文化・社会の亀裂」も農業・農村の衰退
に起因する社会問題という意味では同根の問題だ。農業問題の処理から
演繹的に見えてきたのは、その副作用である農業の衰退に起因する新た
な社会問題としての環境問題である。

　東日本大震災は、農業・農村の衰退過程を一瞬のうちに早送りした。
物資動員的な復旧・復興策だけではうまくいくはずがない。苦手な農
業・農村の衰退に拍車をかけてきた社会経済システムが相変わらず続い
ていくとすれば、たとえ創造的復興の看板を掲げたとしても、復旧・復
興は至難の業だからだ。

　「食に対する不安の増大」も農業問題処理の副作用と無縁ではない。

第七章　教養の三層構造

大量に輸入される農産物や食品のポストハーベスト農薬汚染問題は、しばしば深刻な社会問題として報じられてきた。ポストハーベスト農薬といっても、その使用種類、使用理由、使用方法などは国によってそれぞれ異なるという具合に、複雑きわまりない。このため日本で検査対象とされている農薬以外は、事実上フリーパスで入ってくる。近年急増している空輸による生鮮、加工、半加工食品については、空港の検査体制がオーバーフローをきたし、検査が追いつかない状態だ。とりわけ、途上国の農薬規制はルーズなので、これら食材の使用頻度が多いといわれる外食、調理食品、学校給食等を介して多くの国民が残留農薬汚染に晒されないとも限らない。飽食の陰で進む食と健康を蝕む社会問題もまた、食料供給力を著しく弱体化させた我が国農業の衰退と無縁でない。

近年はまた、「食の大量輸入が招く環境負荷」に対する関心も高まっている。しばしば指摘された大量の木材輸入による途上国の森林破壊のみならず、食料や飼料としての農産物輸入も同様に輸出国の環境を破壊する。例えばアメリカから大量の飼料用トウモロコシを輸入することで、アメリカの耕土荒廃に拍車をかけている。数ある畑作物のなかでもトウモロコシは地力収奪的作物の一つだからだ。それを連作すればおのずと地力は衰える。

食料輸送に伴う二酸化炭素の排出も地球環境を悪化する。フード・マイレージが注目されるのはそのためだ。この数値は輸入する食料の重量に輸送距離を掛けた値に二酸化炭素の排出係数を掛けることで算出する。食料輸入が多い国ほどその値は大きくなる。我が国のフード・マイレージはアメリカの 3 倍、イギリスの約 5 倍にも及んでいる。

大量の農産物輸入はまた、結果的に人口増加や砂漠化が進む世界から農地や水など希少財化する資源を奪い取ることになる。我が国の主な輸入農産物の生産に必要な農地面積は 1,245 万ヘクタールと、国内農地面積 465 万ヘクタールの 2.7 倍にもなるからだ。輸入食料を自国で生産するのに必要な水資源量（バーチャルウォーター）は年間 627 億 m³ と、我が国の一般家庭で使用する年間の水使用量の 5.6 倍に相当するという

169

第二部

推計もある。資源収奪的な大量の農産物輸入は、早晩国際的非難に晒されないとも限らない。

　農業問題処理の副作用である「里山・里地の荒廃」、「食に対する不安の増大」、「伝統・文化・社会の亀裂」、「食の大量輸入が招く環境負荷」などは、我が国のみならず世界各国・各地域で多くの人々の生存環境を脅かしかねない問題である。農業・農村の衰退に起因する社会問題という意味で、これら一連の問題は農業環境問題といってもいい。これが農業問題処理の研究から見えてきた、貧困問題や食料問題とは様相を異にする新たな農業問題である。

　体験的教養論の文脈に置き換えるなら、農業を苦手部門として資本主義から相対化し、そこで発生する問題の処理過程から新たな問題を演繹的に導出したという意味で、洞察力としての教養が功を奏した結果だといえなくもない。ただ、洞察力としての教養は実践教養である。研究の世界という制約はあるにしろ、少なくとも問題解決の方向を見抜く眼力ぐらいは問われよう。ならばどんな解決の方向を提示できるのか。輪郭が見え始めた研究成果について少し述べてみたい。

第五節　苦手部門を受容する社会の輪郭

　資本主義商品経済の発展は、それまで数世紀におよび共同体内部の分業関係を通して自給自足的に供給してきた生産や生活に必要な物資を急速に商品に置き換えながら、人々の暮らしの拠点である共同体に破壊的な作用をおよぼしてきた。とりわけ冷戦構造が崩壊した1990（平成2）年代の末以降、ヒト、モノ、カネはもとより企業内国際分業の進展によるモノづくり工程の分割・グローバル化など、資本主義商品経済の歯止めなき拡大がそれを加速している。こうした中、「世界を不幸にしたグローバリズムの正体」を見抜いた人々の間で、暮らしの拠点を取り戻そうとする「世直し的改革へのチャレンジ」が垣間見られるようになった。

　近年、世界各国・各地域に広がっている地域通貨の創出には、単に利鞘稼ぎのために国境を越えて暴走するグローバルマネーをキャンセル

し、多様な形で地域の仕事と暮らしの再興に役立つ域内循環マネーを取り戻したいという動機が込められている。我が国の農産物直売所の売上額が間もなく一兆円を超えそうなのは、素性不明な食材が流通するグローバルマーケットから、安全・安心な顔の見える食材が流通する地域内マーケットに乗り換える人々が増えているからだ。伝統工芸やコミュニティ・ビジネスなど暮らしの場におけるさまざまなモノづくりへのチャレンジなども、営利企業と一線を画す社会企業という用語と共に世界を席巻するなど、もはや珍しいことではなくなった。

　そうはいっても、自己増殖する価値の運動体という資本の DNA からして、資本主義商品経済のグローバル化は、行き場を失った過剰資本、過剰マネーの投機的運用を増幅しながら、人間の意思活動を超えたところで拡大していくことを宿命づけられている。社会と折り合う自動制御装置を欠落した資本の自己増殖運動を放置しておけば、格差社会の拡大、地方の疲弊など人々の暮らしの拠点に対する更なる破壊作用は避けられそうにない。このままでは共倒れになるという危機感を抱いた人々や地域から、地域通貨、地産地消、コミュニティ・ビジネスなど差し当たり生身の人間が耐え難いほど激烈を極める副作用を中和し、ひいてはこれまでとは違う「もう一つ別の世界」を展望する多様な処方箋づくりが始まった。こうした一連の試みは、仁義なき資本主義の蔓延を憤る国際世論に後押しされながら、取り立てて声高に叫ばれるわけではないにしろ、これからもグローバル市場経済と多様なせめぎ合いを繰り広げていくに違いない。

　安全・安心な「食」を提供する直売所やイタリアのピオモンテ州ブラ村からはじまったスローフード運動など、その先陣を切る試みの多くは世界各国・各地域の農業・農村で芽生え、志を共有する多くの人々を巻き込みながら世界に拡がっている。これまで資本主義が苦手な領域として表舞台から疎外され続けてきた農業・農村には、人々の暮らしの原点や原風景を思い起こす手掛かりが、ほんの少しばかり残されているからに違いない。崩壊の危機に瀕する農業・農村ではじまった資本主義の過

第二部

剰分解に歯止めをかける参加型業・農村改革も、「農」を「異質」なものとして「分離」し「排除」してきた社会から「農」の「自立」を「支援」し、それを「受容」する社会への転換という「世直し的改革」に一脈通じる取り組みだ。

　こうして見ると、たとえ資本主義に馴染み難いものだとしても、これを分離・排除することで人々の暮らしが揺らぎかねないとすれば、あえてこれを受け入れる方向へ歴史の歯車が旋回し始めたのかも知れない。「もう一つ別の世界」の展望は未だ不透明だが、少なくとも不都合な領域を外部に排除することで問題処理に明け暮れてきたこれまでのようなやりかたとは、明らかに位相を異にする世界であろう。利潤動機に基づく効率重視社会から一歩踏み出し、多様性・持続性に配慮しながら暮らしに必要な領域を受容する社会動機に裏打ちされた取り組みが随所で勢いづいているからだ。

　ただ、似たようなことは、あの忌まわしいファシズム体制期にも盛んに行われた。反資本主義・国家社会主義・農本主義等々で偽装したファシズム独裁体制は、大恐慌下で困窮する農業・農村を上意下達的に「美しい村づくり運動」へと誘導し、結果的に歯止めなき総力戦の食料基地として総動員していった。その舞台装置や演出は華やかだったし、登場人物も多くの観客を魅了し、熱狂させ、そして幻惑した。農業・農村は国の「基」であると持ち上げ、輝かしい再興を約束したファシズム期の約束手形はしかし、わずかな補助金を餌に無責任にバラ撒かれただけで、ついぞ決済されることはなかった[11]。

　このところリーマンショックを引き金とする金融恐慌の余波が続く中、世界情勢は急速にきな臭さを増している。平和憲法をないがしろにする集団的自衛権を盛り込んだ安全保障関連法案が強硬採決されるなど、世相は当時と似ていなくもない。ファシズム期の一連の出来事を記憶の片隅に留めておいても決して邪魔ではないはずだ。

　幸いにしてこのところ、政策当局が意図的に誘導する「構造改革の展望」、「活力ある村づくり」等々に安易に振り回されることなく、地域の

第七章　教養の三層構造

個性と知恵を活かす「内発的」「創造的」農業・農村づくりが各地で散見されるようになった。これを支援する人々のネットワークも、国境を越えた広がりを見せている。暮らしの拠点を取り戻そうとする、特定の主義主張や体制を超えた当たり前の取り組みである以上、誰もこれを止めることは出来ないはずだ。

　取り組みの土台になっているのは、そこに住み続ける人々の、最初から時間を限定しない本音が飛び交う徹底した話し合いと合意形成である。農業・農村改革の推進にあたっては、多くの場合、老若男女それぞれが何らかの形で仕事と居場所を見出せるよう、絶妙な創意と工夫を凝らした参加型の見取り図が準備されている。ファシズム期のような過度な演出や熱狂とは無縁であるばかりか、怪しげな農本主義を吹聴しているわけでもない。農業・農村をまるごと社会企業的な感覚で編成替えするかのような現場の取り組みから見えるのは、「内発」、「創造」、「ネットワーク」といった推進力であり、「体制」を超えた「民主」、「参加」、「分権」を基本とする意思決定である。

　農業・農村のみならず多様な「場」における同様の試みを積み重ねていくうちに、少なくとも期待される社会の輪郭ぐらいは確定できるようになるのではないか。「農業・農村研究」という辺境の視座から時代の潮流を見据えてみると、ふとそんな気がしないでもない。この辺が差し当たり私の実践教養の到達点である[12]。

第六節　教養の三層構造と教養教育

　これまで私自身の研究歴を振り返りながら体験的教養論について述べてきた。これによれば教養の中身は、知識力としての教養、応用力としての教養、洞察力としての教養に類型化できそうだ。それぞれを、知る教養、使う教養、見抜く教養と言い換えてもよい。ただ、これらが単純に積み重なって三層を成しているわけではない。静態的な三層構造というよりは動態的な三層構造といった方が適切だろう。互いに影響し合うことで基盤教養、転換教養、実践教養への姿態変換を繰り返しながら目

第二部

的に向かって厚みを増していく複雑系の運動体みたいなものだからである。この過程で当初の目的や目指す方向がリセットされることも稀ではない。教養が厚みを増すにつれ、行き先の設定や路線図に思わぬ誤りがあることに気が付きやすくなるからだ。どこまで一般化できるかは別として、こう考えると教養はやはり侮れない。最後に、教養教育院に所属して図らずも教養教育の一端を担うことになったこの7年間、入学して間もない受講生にどんな教育をしてきたのか、かいつまんで紹介しておこう。私にとってはこれこそが教員人生の最後に実践教養を問われる非常事態のようなものだったからである。

　教養教育院で私に課せられたのは、全学の1年生を対象に年間8コマの授業を担当することであった。そのうち2コマを基礎ゼミにあてることだけは、はじめから義務づけられていた。基礎ゼミは、少人数教育の試みとして東北大学が全国に先駆けて開講した授業科目である。授業内容や前後期の授業の割り振りなどは、一切が担当者の裁量に任されていた。シラバスを書くのに少し手間取ったが、時間も限られていたゆえ悪あがきしても始まらない。これまでの著書や研究論文を手掛かりにしながら授業科目名をひねり出し、1コマ15回分の授業内容をシラバスに載せた。これが教養教育に相応しいかどうかを特に吟味して載せたわけではない。専門研究を踏まえた教養教育といえば聞こえがいいが、白状すればこれしか思いつかなかったし、できそうになかったからである。

　ただ、授業やゼミをおこなう上で心掛けたことはいくつかある。授業の最初に軽く受講生に伝えることで、むしろ繰り返し自分自身に言い聞かせるようにした。「やってみたいのは覚える授業から一歩進んで考える授業」、「受講生の参加の仕方もいろいろ工夫しよう」、「現状認識というよりも肝心なのは歴史的思考の大切さに気付いてもらうこと」、「期末試験の代わりに論理的思考力を問うレポートを課し総合的に評価してみたい」などなどだ。ただ、授業開始前にこんな御託をいくら並べたところで理解されにくい。授業が始まって少し経つと忘れられてしまう。

　つまるところ授業を通して何をどう伝えるか。とりわけ難しかったの

第七章　教養の三層構造

は受講生が 200 人を超える大部屋での授業。基幹科目「資本主義と農業」という授業がそうだった。テキストに使用したのは同名の私の著書。世界恐慌、ファシズム体制、農業問題というサブタイトルからして、戦後の話ではない。主として両大戦間期の日本の話。1929 年恐慌以降の農業問題の処理が、奇怪な日本ファシズムの形成・成熟運動と連動して行われ、破綻した過程について講義した。社会経済体制の激変過程を説明することで、今日多様な形で展開されている「もうひとつ別の世界づくり」運動についても、相対化してみる手がかりになればと考えたからである。

　教科書に沿った 15 回の授業内容、説明用のパワーポイントなどの資料はあらかじめ配布した。多くの受講生はこの時代の学習経験がほとんどない。教科書の内容どころか特有の用語からして取りつきにくそうだった。そこでまずは基礎知識を補充するために、教科書に出てくる用語について手書きのレポートを書いてもらうことにした。レポート課題には、挙国一致内閣、陸軍パンフレット、農山漁村経済更生運動、新体制運動、大政翼賛会、八紘一宇など、あまり馴染みのなさそうな用語を 30 項目ほど盛り込んだ。手で書けば記憶の片隅に残りやすい。それがアンテナとなって関連情報にアクセスしやすくなる。教科書や当時の時代状況を理解する手掛かりにもなるはずだ。期待したのはいわば知識力の応用力への転換である。

　課題を与えると受講生の反応は早い。大半の受講生が次週には鉛筆書きのレポートを提出してくれた。内容や説明の仕方に努力が伺われるレポートは、いくつかのランクに分類してパワポや配布資料に取りまとめ、学部・氏名入で受講生に紹介した。中には何冊かの専門書を参考文献に挙げ、論稿と呼ぶに値するような長文のレポートを書いてくれた人もいた。これについては TA の院生に活字に打ち直してもらい、授業の共有財産として受講生全員に配布した。どの程度かは別にして、「この時代のことが理解しやすくなった」など、いくつか寄せられた感想からして、それなりの効果はあったようだ。

175

第二部

　授業ではファシズム体制と連動した政治・経済的農業問題処理の骨格をカラースライドにまとめ[13]、できるだけ現代の似たような状況を引き合いに出しながら解説した。授業の合間には、当時の貴重なフィルム映像を編集した DVD の鑑賞や関連する新聞記事なども配布した。使用した DVD はユーキャンが発行している「私たちの昭和第 2 巻—大恐慌を生き抜く」、「同第 3 巻—非常時の名のもとに」、「同第 4 巻—総動員体制の悲劇」などである。

　新聞記事は朝日新聞に掲載された岡崎哲二さんの「公債「楽観論」は 80 年前の轍」、「国力データ秘したまま戦争決断」、中島京子さんの「戦前という時代」、トーマス・セドラチェク（チェコの経済学者）の「しじみ汁の経済学」、宮沢章夫さんの「変化を受け入れる人々と社会の怖さ」（ミシェル・ウイルベック著『服従』の書評）、強制収容所から逃れたボリス・シリュルニクさんへのインタビュー記事「全体主義の芽を摘む」、戦後 70 年特集記事「引き上げ捨てられた開拓農民」などいろいろ取り上げた。

　ミニットペーパーに書いてもらった映像や記事の感想文は、いくつかの項目に分類し、エッセンスと思われる文章を抜粋して取りまとめた。それを出来るだけ次週にパワポや配布資料媒体で受講生に紹介した[14]。すぐれた感想文はその全文を紹介したこともある。百聞は一見に如かずというが、当時の状況を理解する上で DVD の効果は抜群であった。文字で学んだ知識は、映像を通して伝達されることで、感情を誘発しながら疑似体験化されやすいからであろう。

　レポートや感想文の紹介については、自分と同じこと、違うこと、思いがけないこと、敵いそうにないこと、等々を書いている多様な受講生人がいることを知り、よかった、安心した、勉強になった、刺激を受けた、という人が多かった。自分の意見を相対化することでステップアップのきっかけをつかんだ人もいたようである。いずれにせよ、大人数の参加型授業として試みたこうしたやり方がそれなりに有効であることは、水準の高いレポートや感想文から窺い知ることができた。ほかの授

業科目についても、ほぼ同様のやり方をした。ただ、TA の大幅な協力なしに複数の授業科目でこれを実施することは難しい。

　基礎ゼミは受講生の定員が 20 名と少ないため、参加型授業は比較的取り組みやすかった。「現代世界の食—飽食と飢餓の構造」というテーマの基礎ゼミを例に紹介しておこう。このゼミの課題は、先進国の飽食と途上国の飢餓が共存する不幸な世界の現実について理解を深め、「食」を通して現代社会のあり方を考えてもらうことである。最初に 4 人 1 組で 5 班のグループを編成し、グループ単位に選択したテーマに沿って疑問点、討論点を報告してもらうことにした。受講生どうし互いの面識がほとんどないため、グループの編成は学部・男女が偏らないように配慮して教師サイドで行った。各週の報告テーマを記載したスケジュール表及び関連参考資料をまとめて配布し、それを眺めながら各グループには自分たちが報告したい 2 つのテーマを選択してもらう。テーマの選択はかち合うことが多いのでその場合にはジャンケンやくじ引きで決めた。テーマが決まったら班ごとに話し合い、報告者、討論点提示者、記録担当者などそれぞれ役割分担を決めてもらう。2 回とも同じ人が報告者にならないようにこちらから指示をした。報告は 15〜20 分程度を目安にしたが、基本的に各班の裁量に委ねることとした。

　スケジュール表に記載した報告テーマは、「世界市場における穀物価格—近年高騰した原因としてどんなことが考えられるか」、「穀物価格高騰の影響—先進国、途上国にそれぞれどんな影響を及ぼすか」、「食料自給率—わが国食料自給率急落の原因は何か。また、自給率向上の可能性はあるか」、「農産物輸出入—国際的な農産物貿易の推移から見た問題は何か」、「アフリカ開発—農業・農村開発が核になるといわれる根拠は何か」、「環境と農業—農業が環境や生物多様性に与えるプラス・マイナスの影響は何か」、「飢餓と飽食—世界にはどうして「飽食」と「飢餓」が共存するのか。また、その解決のために何が必要か」、「食の安全と放射能—放射性物質の食品基準について、今、何が問題になっているか」などいずれも簡単に結論をだせるようなテーマではない。課題を深堀する

第二部

ような討論点を絞り込むのも一苦労だ。

　ただ、いざ始まるとほぼ全員が毎回出席し、熱心に報告・討論に参加してくれた。報告、討論点の提示はパワーポイントでお願いした。最近の学生は中学校時代からパワポを使用しているので問題はない。最初にテーマの概要説明を15分程度。こちらで提供した参考資料も少しは使っていた。ただ、自分たちで収集・加工した資料に基づく堂々とした報告の方がはるかに多かった。熱心な事前打ち合わせの様子が伺われ、その都度感心させられた。

　報告のあとは班員が検討して絞り込んだ討論点を紹介。これがうまくいくと討論は活性化する。司会進行は班の学生が担当。中には名司会ぶりでゼミを沸かせた学生も何人かいた。討論の経過は記録担当者があざやかなタッチでパソコンに入力した。

　ゼミの最後はチャーターバスを利用した現地視察研修。参加者全員に現地での質問と終ったあとのレポート作成を義務付けた。レポートは研修先にもお礼替わりに提供した。研修先の社長が職員研修に使用するなど大変参考になったと喜んでくれたこともあった。

　最初は互いに学部も違うので、顔見知りの関係ではない。基礎ゼミをやっているうちに親しくなる。違う学部の人と友達になれてよかったとの声も多かった。少人数教育は欠席者が少ないし授業への参加意識も高くなる。課題とゼミのやり方さえある程度指示すれば、いろいろ工夫して自発的に取り組んでくれる。上手くいった時の達成感は高そうだった。最初のやや残念な報告を2回目に挽回してくれた人たちもいた。

　基礎ゼミはことさら意識しなくても、意欲的に取り組む過程で、情報探索力、思考力、プレゼン能力を相互研鑽することができる。この過程で無意識のうちに教養の三層構造の何パーセントかは体得してもらえたようだ。知識力、応用力を動員しなければゼミ課題を消化することは難しい。「飢餓問題の解決策」などはまさしく洞察力が試される設問だ。熱心に議論した成果が皆無であるはずはない。

　満足のいく解決策に近づくには、決定的に修行が足りないことを自覚

第七章　教養の三層構造

してくれたことも収穫であった。問題が複雑に入り組み、簡単な解決策
などありえないことを見抜いてくれたからである。海図なき漂流の時代
に翻弄されないための手掛かりらしき何かをつかんでくれたとすれば、
私の教養教育もあながち無駄ではなかったのかも知れない[15]。

【註】

1）　教養に相当するギリシャ語は「バイディア」で、その意味は「子供が教育係に
　　指導されて身についたもの」だといわれている。これによれば、教師として何
　　をどのように研究し、受講生にそれをどのように伝えたかという体験的教養論
　　もまた、広い意味で教養の範疇に入ると考えていいのではないか。ちなみに宇
　　野弘蔵氏は「ホワイトカラーになるような学生にどういうつもりでマルクス経
　　済学を教えているのか。ぼく自身は、マルクス経済学で自分が社会的にどうい
　　う地位にあるかということを知ることができるという点で、役立てばいい、そ
　　れが大学の学問の意義だと思っている。」とか「自分の社会的地位を知ってい
　　る、自分がどういう地位で、どういうふうに生活しているかということを知っ
　　ているということが、インテリの資格だ」と述べている。宇野弘蔵『経済学の
　　効用』東京大学出版会、1972 年、PP230〜233。
2）　伊東光晴『ガルブレイス―アメリカ資本主義との格闘』初版、岩波新書、2016
　　年 3 月。この著書は心肺停止後に一命をとりとめた著者が、ガルブレイス没後
　　10 年に完成を目指して書いた渾身の作品であり、「通念」に挑戦し続けたガル
　　ブレイスの波瀾に満ちた生涯が綴られている。巻末にはガルブレイスの主要著
　　作が収録されており参考になる。
3）　宇野弘蔵氏は「資本主義にとって農業はいわば苦手である。制限せられ、独占
　　されうる物でありながら、労働生産物ではなく、したがってまた資本の形態を
　　もとりえない、土地を主要生産手段とするという根本的な点で、そうであるば
　　かりでなく、そういう自然を主要生産手段とするということに附随する、生産
　　過程の特殊性が、資本家的経営には種々なる障害をなすのである。」と述べて
　　いる。宇野弘蔵増補『農業問題序論』3 版、青木書店、1968 年、P181。
4）　産業革命以降のイギリスは、資本主義の発展過程で穀物条例を廃止し、穀物関
　　税の大幅な切り下げを行った。その結果 1870 年代以降アメリカや植民地諸国
　　等からの穀物輸入が激増し、自給率は 20 数％程度に低下したといわれている。
　　ただ、2011 年現在の穀物自給率は 101％ と高い。これに対して高度経済成長期
　　以降のわが国では、苦手な農業を外部に追いやる傾向が強まり、2013 年度の穀
　　物自給率が 28％ と自由主義段階のイギリスに近づいている。
5）　大内　力『農業恐慌』初版、有斐閣、1954 年。この著書で大内氏は、国内外の

179

第二部

恐慌論、農業恐慌論を批判的に総括し、帝国主義段階の恐慌の形態変化、農業恐慌の本質を論じている。恐慌論、農業恐慌論の基本的文献として、その価値は今日もなお失われていない。

6) 渡邉　寛「世界農業問題」宇野弘蔵監修『講座帝国主義の研究 2—世界経済』青木書店、1975 年、所収。本稿で渡邉氏は「二九年末のウォール街の取引所恐慌以前に、農業諸国は、資本逃避によって決定的ダメジを受け、過剰農産物の滞貨金融の手段を奪われ、農産物価格の崩落を媒介として、農業恐慌に入っていったのである。かくして、三〇年代世界恐慌の主調は、世界農業問題に由来する世界農業恐慌にほかならなかったといってよい。」(同上書、P192) として、その経緯を詳細に論じている。なお、渡邉氏の世界農業問題については、拙稿「世界農業問題—渡邉寛氏の世界農業問題の現代的意味」半田正樹、工藤昭彦編『現代の資本主義を読む—グローバリゼーションへの理論的射程』批判社、2004 年、収録、でも今日的状況を視野に入れながら検討した。

7) ジョセフ・E・スティグリック著、鈴木主税訳『世界を不幸にしたグローバリズムの正体』徳間書店、2002 年。この本については「読者のためのブックガイド」を参照。

8) 参考までに、農地改革の政治的意味について論じた拙稿から、関連する文言を抜粋しておこう。「農地改革は、戦後資本主義がアメリカを盟主とする世界体制としてしか存続、維持しえないという、いわば世界史的過渡期において、アメリカ占領軍が発動した日本資本主義体制の危機をひとまず政治的に回避しようとする農民宥和政策であった。地主、全農民の宥和をイデオロギー的基礎とする戦前のファシズム体制のもとでは、ついに発動しえなかった地主的土地所有に対する強制譲渡が、『民主化』を旗印にした資本主義世界体制の維持という政治的原動力を得ることによって、はじめて大規模な実施をみることになったのである。農地改革は、第二次世界大戦を介して顕在化した戦後資本主義世界体制の危機の産物であった。」拙稿「戦後日本の農業問題」『経済学批判 9—特集世界農業問題』、社会評論社、1980 年、所収。

9) 戦後復興期以降の日本経済は、停滞低成長かもしくは安定成長に以降するというのが大方のエコノミストをはじめ研究者の見方であった。例えば大内力氏なども「どの道狂い咲きの繁栄に秋風が吹きはじめていることは確かであろう。」大内力『日本経済論下』、東京大学出版会、1963 年、P710、と述べ、1960 年代の高度経済成長に対しては懐疑的であった。こうした中、「日本経済は歴史的勃興期にある」と主張し、1960 年代に池田内閣が打ち出した「国民所得倍増計画」の理論的支柱となったのが、下村治氏が執筆した「経済成長実現のために」という大蔵省の内部の資料であったといわれている。下村氏は、ケインズ理論を基礎として、見事に高度成長を見抜いた希有な経済学者であった。信じがたいことではあるが、高度経済成長は当初、思いがけない出来事と受け止められていたのである。

10) 戦後日本の農業問題が貧困問題・食料問題から農業環境問題にシフトしたこと

180

については、拙著『現代日本農業の根本問題』批評社、1993 年によっている。
11) ファシズム体制期の記載内容については、拙著『資本主義と農業―世界恐慌・ファシズム体制・農業問題』批評社、2009 年、によっている。
12) 実践教養の到達点の記載内容については、拙著『現代農業考―「農」受容と社会の輪郭―』創森社、2016 年、によっている。この本については「読者のためのブックガイド」を参照。なお、アントニオ・ネグリとマイケル・ハートは、彼らの共著で、現在、国民国家に代わって新たに「帝国」という「グローバル主権」が台頭しつつあるという論を展開して注目された。ここでいう「帝国」は帝国主義時代の帝国ではなく、ネットワーク状に作動するグローバルな「主権」であり、それはまたグローバルな「資本主義システム」でもあるという。換言すれば、グローバルに展開する資本の運動が国家を超えて主権機能を発揮するようになり、国民国家そのものは死滅しつつあるということをいいたいのではないか。したがって、彼らはグローバル主権と資本主義システムの支配下に置かれた全ての人々を「マルチチュード」であるとして、こうした人々こそが「帝国」への対抗運動を担う主体なのだと論じている。アントニオ・ネグリ、マイケル・ハート、水島一憲他訳『帝国―グローバル化の世界秩序とマルチチュードの可能性―』以文社、2003 年。本稿もまた、グローバル化への対抗軸として、特定の主義・主張や国境を越えて暮らしの拠点を取り戻そうとする多様な人々のネットワークに注目している。
13) 参考までに準戦時体制期の農業問題処理の説明に使用したパワーポイント資料を、カラーとゴシック体を省略して紹介しておこう。

準戦時体制下の農業問題処理

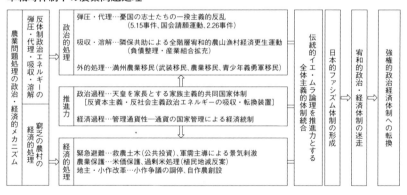

14) 参考までに、特集記事「引き揚げ捨てられた開拓農民」、中島京子「戦前という時代」の感想文のエッセンスをとりまとめた資料から、項目ごとに 1～2 名の学生の意見を抜粋して紹介しておこう。
特集記事「引き揚げ捨てられた開拓農民」感想文の抜粋

第二部

「政府・軍への憤り」
・国民に十分な情報を与えず、後で助けもせず、政府や軍は誰のために、何のために政策を実施していたのかと思いました。(歯学部T生)

「無謀な移民」
・藤原てい『流れる星は生きている』の内容とほとんど同じで、本土に帰国することがいかに困難であったかが見えた。(薬学部H生)

「過酷な引き揚げ」
・戦後の満洲での略奪や強姦、収容所での粗末な食事、感染症による家族の死といった状況は、ドイツでのユダヤ人迫害を思わせるものだった。(工学部K生)

「女性の境遇」
・女性が女に見られないように頭を丸め、顔に灰を塗っていたことには衝撃を受けた。(医学部K生)
・特に心に残ったのは、引き揚げ途中、もう日本の港を目前に海に身を投げた女性がいたということだ。(工学部M生)

「孤児の不条理」
・中国残留孤児については、確認が難しくなった孤児がせめて中国で人権のある生活が送れていてほしいと思いました。(歯学部Y生)

「現代への教訓」
・満洲で起きていたことについてはあまり知らないと思うので、もっと詳しく知るべきだと思った。(薬学部Y生)

「意見・感想」
・ドイツでは、わずかに残った艦艇を使ってソ連の侵攻から逃れる住民の本土への避難の支援がされていたと聞いたことがあるが、日本では軍による避難支援はほんとうにできなかったのだろうか。(工学部S生)

中島京子「戦前という時代」感想文の抜粋

「怖い無知・無関心」
・全体として、国がすることに関心を持たずただ受け入れる流れが明らかにできてしまっている。(工学部K生)

「受けた衝撃・共感」
・彼女の「無知」と「無関心」というワードを見て、私は一瞬ドキリとし、罪悪感にも似た気味の悪い感覚が身体を駆け巡った。(工学部O生)

「毒を体(日常)に慣らす(溶け込む)」
・非日常を無知のまま受け入れてしまうことが「毒を体に慣らすように」と表現されており、その的確さに身震いがした。(歯学部A生)

「戦前との対比」
・中島さんは戦前と今の日本の雰囲気が似ているとしている。それはさすがに言い過ぎだろうと最初は思ったが、文章を読むと納得してしまった。(工学

第七章　教養の三層構造

部 S 生）

「何をどうすれば」

・"無知・無関心の状態" を打開する最も有効な手段は教育であるが、その教育も政府が関与し、政府に都合の良い情報を学ぶことになるのではないか。（工学部 I 生）

15）　紹介したい水準の高いレポートはいくつかあるが、参考までに掲載を了解してくれた 2014 年度文学部 1 年畑晴季さんのレポートを、一部割愛し、原文のまま紹介しておこう。

レポート課題：「戦前の経験を踏まえ、現代社会と農業・農村のありかたについて考えるところを論理的に述べなさい」

1、はじめに

　「資本主義と農業」の講義を半年受け、問題の根深さと複雑さを知り、そして現代社会における様々な問題を見る視点を多少は獲得することができた。多くの社会問題は様々な要因が複雑に絡み合った結果生じている。そのためひとつひとつを整理してそれらに通底するものをつかみとっていく必要がある。最終レポートでは現代社会が戦前の日本社会から学ばなくてはならないと特に考える 3 つの点に注目して意見を展開していきたい。1 つ目は、「優れた」政治の恐ろしさ、である。安倍政権が長期政権へと突入する昨今の政治を冷静に見つめるひとつの視点を提示したい。2 つ目は反体制政治エネルギー、特に反資本主義勢力の行方、である。ますます拡大する格差のなかで資本主義に対する反感が強まる現状を戦前の経験をもとに分析したい。最後の 3 つ目は地方が持続するためにすべきこと、である。東北地方をはじめとする日本の過疎地域で人々が人間らしい持続性のある生活を送っていく為に、いかなる手段がありうるのかを考えたい。なお、この講義の教科書でもある工藤昭彦著「資本主義と農業　世界恐慌・ファシズム体制・農業問題」批評社、を基本に論を進める。

2、「優れた」政治の恐ろしさ

　教科書［資本主義と農業］によると、昭和恐慌以後の東北農村の貧窮（身売り、欠食児童）を改善する政策が国によっておこなわれたが、それは中小農民の生活向上を目指しつつもあくまで地主層の農村における政治的地位を保持するという階級宥和的なものだった。農村の貧窮状態を改善する目的は反体制政治エネルギーの処理から日本的ファシズム体制、軍国主義国家の形成へと移っていく。具体的には農山漁村経済更生運動が実施された。計画組織としての厚生委員会から実施組織としての実行組合、その他横からこれらを支える学校や行政によって非常に実行力のある形態で実施された運動である。また戦時中に実施された農地立法も、なし崩し的に地主層の権利を縮小させ、中農民層の経済力と農村における発言力を強化するというものであった。その実際の成果へ

183

第二部

の評価はともあれ、これらの政策は非常に優れた実行性をもっていたように感じる。つまり、政治手法として非常によく練られている。政策にあたってはひとつの法律にとどまらず補助策、補強策をうちだすことで着実な実効性をもたせようという政策立案者の本気が見えてくる。当時の人々が「いまの政治には期待ができる」と思ってしまってもおかしくはない。そしてそれこそが農民たちがファシズムの立役者となってしまった不幸の源泉である。実際には天皇制のイデオロギーや非常事態という文句が利用されたとはいえ、政策単独のありかたとしての「優れた」点、つまり見かけ上、相当に実行力のある政治だったという点が着目すべきところである。

さて、それをふまえて現代の政治をみる。多くの人が様々な側面で期待をかけた民主党の政権奪取だったが、マニフェスト違反の政治、官僚を動かせない政治、なによりも実行力のない政治として異常なる批判を受け、短命に終わった。そして現れたのが安倍政権である。実行力のない政治に対する反動のように、様々な法案を社会全体で議論の俎上にあげる暇もないほどの速さで可決させる、そんな政治が広範な支持を受けている。独裁といっても過言ではない政治が日々進行している。

安倍首相の政策としていわゆる「国民の福祉」、わたしたちの生活に身近な社会保障政策は穴だらけの粗末なものだが、「積極的平和主義」をはじめとする安全保障関連の政策はとてつもない強靭さを兼ね備えている。そして、この政治が大衆的基盤を獲得するこの現状に「優れた」政治の恐ろしさを直感的に感じることができるだろう。なにもできない政治がよいというわけではもちろんない。しかしその両極にしかふれることのできない日本の政治ならば、なにもできないというほうがよっぽどましなのではないか、そう思わずにはいられない。様々な言論が飛び交うべき民主主義においてねじれ国会はそんなに悪い事だろうか。政党乱立は無駄なことだろうか。民主党政権への批判は冷静になされていたものなのだろうか。戦前の「優れた」政治を顧みることで、いまの政治の本当に優れた点、恐ろしい点を見極めなければならない。

3、反資本主義勢力、反体制政治エネルギーのゆくえ

教科書「資本主義と農業」によると、戦前の農業問題処理の政治的動機は資本主義と相容れないがゆえに、非抑圧層の地位に甘んじていた農村における農民たちの間にたまった反体制エネルギーを処理することであった。マルクスによると、資本とは「自己増殖する価値の運動体」であり、資本家は資本の担い手として価値の蓄積と増殖だけを追い求める。資本主義的生産関係を持つ社会においては生産力の発展は必然の流れであり、そうしなければ資本家自身が生き残っていくことができない。対して農業の営みとは、持続性こそが最重要事項であり利益増殖や生産能力向上は二の次となる。いや、農業にかぎらず、人間の営みは本質的に持続性を最重要事項とするものである。食べて働いて娯楽を楽しみ眠る。そんな毎日を続けていくことこそ人間が本質的に求めるところ

第七章　教養の三層構造

である。常に向上を求める資本と持続を第一義とする農業、いや人間の営みが相容れないものであることは自明である。

　このように考えると反資本主義勢力は、昭和恐慌のあおりを受けた貧しい農村にたまたま現れたものではない。資本主義社会には常に明日の生活も維持する事が難しい被抑圧層が存在する。現代の日本社会に焦点をあてれば、過酷な労働と厳しい生活を強いられている人々がたくさん思い浮かぶ。例えば非正規雇用を転々とする人々、ブラック企業で心身をすりへらす人々、母子家庭の母親、外国人労働者、病院に通えない高齢者、進学をあきらめる子供たち…。そして資本主義がそもそも格差を広げる構造であることを明らかにしたトマス・ピケティ「21世紀の資本」の大ヒット。資本主義が社会を豊かにするという言説に疑問を抱き、「反資本主義」的な考えを持つに至る人々がにわかに増えていることが象徴的にあらわれた出来事だろう。戦前においては資本主義というシステムによって苦しい生活を余儀なくされた人々が、「反社会的勢力」となった。こうした人々は農村の中小農民を中心に国家に囲い込まれ、日本的ファシズム推進の先陣をきっていく存在となった。「いかに多くを生産できるか」という基準で人間の価値をはかる資本主義の社会において偶然、苦しい生活をする立場におかれた人々が、別の形態をとる社会にその活躍の可能性をみいだしたのである。

　現代日本で被抑圧層の人々を国家が制度的・精神的に囲い込むことは可能だろうか。今の日本の政治はそうした人々の保護はパフォーマンスの域でさえ成功しているようにはみえない。福祉政策や貧困層の支援に関しては、口先だけの政治的アピールであることが誰の目にも明らかである。例えそれを信じてしまう人々がいても、その政策が支離滅裂であり、そもそも累進課税の形態をとらない消費税で財政の増大をはかるという手法が明らかに自己矛盾であることは分かるはずだ。ゆえに戦前のように貧困層の人々を囲い込むというかたちでのファシズムの再来はないと考える。

　しかしいまの日本社会が資本主義とは別の形態をとる社会を必要としていることは確かである。そうならなければ社会が持続していかないように感じるためだ。それはもちろんファシズムであってはいけない。きっと社会主義でも共産主義でもないだろう。どのような形をとるかいまのわたしに詳述する力はないが、ただひとついえることは「いかに多くを生産できるか」というたったひとつの基準ではなく、多くの基準によって様々な人々が社会的に評価され、衣食住、そして健全な労働を今日も明日も続けていける社会である、ということだ。そのとき、「反資本主義」の人々の力は多いに発揮されることだろう。価値の増殖に人間性をすりへらされる日々に疲れ、途上国で生きる事を選んだ人々、UターンやIターンという形で地方での生活を始める人々、食品の素材や環境にこだわったレストランなど、ソーシャルビジネスをはじめる人々…。こうした人々が資本ではない新たな基準を自ら創出し、体現し、そして新しい社会のかたちを提示する萌芽はすでに様々なところで見えている。

185

第二部

4、持続する地域社会のあり方

　以上では日本社会全体のありかたについて述べてきたが、最後に農村社会の
あり方について考えることを述べたい。戦前の地方については、そのほとんど
が衣食住すべての自給自足をも可能とするような前近代的な農村であった。し
かし今の日本社会においては地方や農村といって指すものは広範にわたる。自
然とともに農業や林業を糧とした生活を依然続ける小さな集落、シャッター街
となった小さな町、財政の困窮により病院や学校を十分に供給できない小都市、
そうした市町村に囲まれ一極集中の進む仙台のような政令指定都市、また共同
体の壊滅状態にある被災地など。上にあげた地域のほとんどが、半分またはす
べてを市場介入させた農業を営むことで支えられている人口を内包する。しか
しその市場依存度と共同体の崩壊具合はいかようにも想定できるため、ひとえ
に対策を掲げる事はできない。そして「対策はひとつではない」というこのこ
とが地方活性化の軸となる考えであるように思う。テーマパーク、ゆるキャラ、
Ｂ級グルメ、ふるさと納税、地方を活性化させる試みはさまざまになされてい
るが、個性を表現するはずだったこれらの運動が、最近市町村同士の競争の色
を帯び始めている。競争に勝てる市町村だけが生き残れるといったことは誰も
望んでいないはずである。加熱する「個性表現競争」から少し離れて当初の目
的を冷静に鑑みる必要がある。大切なのは強い産業をつくることではなく、市
町村に魅力をもたせること、それを広く発信すること。そして最も重要な事は、
地元の人が誇りを持って生きること、外の人が住んでみたいと思うこと、外か
らの人間に寛容な地域社会をつくることである。そうしたなかでずっとその土
地での生活の知恵が守られ、人間の営みが続いていかなければならない。その
理想の形はそれぞれのまちの数だけあるに違いない。成員の持続可能な生活を
なにより大切にし、個性をもち、時代に即し…。そのような芯ある地方活性化
の実現がわたしたち若者に求められている。

感想

　前期に受講した基礎ゼミは本当に興味深い内容だったが内容が深く広かった
ため消化不良といった印象で終わった。しかし研修などを通して地域社会や農
業の重要性を強く認識するものであった。より農業に関する見聞を広めようと
この講義を受講したが、印象は変わらず内容が深すぎて消化不良である。考え
るべき思考のヒントが多すぎて未だに整理がつかない。レポートの支離滅裂具
合が恥ずかしい。しかしいまはそれでいい、と自分を納得させることにしよう。
戦前の社会状況から、大衆社会の雰囲気、農村における政策、戦後の占領政策、
現代の農家の困窮、グローバリゼーションの功罪、そして震災により壊滅した
東北の地域社会。とても多くの要素を含んだ講義だった。新しい知識、新しい
知見をたくさん得る事ができた。今はそれらをひとつひとつ吸収する段階であ
る。

　さて、個人的な境遇を重ね合わせればこの一年はわたしの人生にとって大き

な転換期となるものであった。子供のころから地元福島や東北に閉塞感を感じていて、将来は絶対に東京や海外で生きていくと考えていた。そのため、地方の衰退を社会問題としては深刻に受け止めつつも自分がなにかの力になろうとは夢にも思っていなかったのだ。しかし、なぜか東北大学にきてしまった私は、この町で自分の生まれ育った土地を愛する多くの日本人や留学生に出会い、また郷愁というものを知った。さらに日本社会が構造的に都市と地方の格差を内包して成立している事実を学んだこと、福島における原発事故の被害が以前にまして深刻に突き刺さる時期に突入したこと、そしてなにより1年間工藤先生の授業を受講したこと。こうした要因が重なりあい、自分のアイデンティティを東北や福島に見いだし、さらには自分がその力になりたいと思う気持ちが生まれはじめた。だからいまはできる限り多くの勉強をしたい。カオスがいつか秩序ある思考へと成長し、自分の言葉と行動がなにかの力をもつその日まで勉強を続けたいと思う。(2015年1月)

【読者のためのブックガイド】

『風土―人間学的考察―』 和辻 哲郎著
岩波文庫、1991年

　本書が刊行されたのは、戦前の1935年。間もなく80年近くにならんとするのに、新たな読者を獲得しながら読み継がれている。環境の世紀を迎え、改めて人間と自然の折り合いのつけ方が問われているからだろう。1991年に若干体裁を整えて再発行された本書は、2009年に5刷りが出るほど静かなブームを呼んでいる。たやすく読める本ではない。ハイデッカーの「有(存在)と時間」を批判的に継承し、人間存在の構造を時間と空間が織りなす風土としてとらえる哲学の書でもあるからだ。特殊な風土は人間存在の特殊な構造でもある。こうした視点から著者は、モンスーンアジアは「受容的・忍従的」、砂漠地域は「実際的・意志的」、牧場的ヨーロッパは「理性的・合理的」といった人間類型の特質を鮮やかに浮き彫りにしてみせた。しばしば誤解されるように、風土が人間類型を規定しているという意味ではない。人間類型もまた風土なのだ。従って、風土や人間類型は、共に変わり得ると考えていいだろう。グローバル化の嵐が吹き荒れる中、風土を支えてきた屋台骨も激しくぐらついているからだ。どんな風土創りを目指すのか。まずは本書を手にして格闘してみて欲しい。

『世界を不幸にしたグローバリズムの正体』 ジョセフ・E・スティグリッツ著
鈴木 主税訳、徳間書店、2002年

　反グローバリズムの本だと思われがちだが、そうではない。原題は「Globalization

第二部

and Its Discontents」。グローバリゼーションそのものというよりは、それを推進してきた IMF、世界銀行、WTO など国際機関側に問題があるというのが著者の立場だ。規制緩和、自由貿易こそ全ての人々の利益になるという信仰にも似た硬直的な思考パターンが、アジア通貨危機への対応のまずさなど、多くの災いを招いてきたからだという。ビル・クリントン大統領の経済諮問委員会委員長、世界銀行のチーフエコノミストなどを歴任してきただけに、分析はリアルで分かり易い。著者が目指すのは「人間の顔をしたグローバリゼーション」へのチャレンジ。途上国の人びと、破壊が進む自然環境や農業など、疎外されがちな領域に対する眼差は優しい。もともと著者は「情報の非対象性理論」で 2001 年にノーベル経済学賞を受賞した数理経済学者。そういう著者をして、数式を一切使わない本書を書かせしめたのは、独立したばかりのケニアでの大学教員経験や世界銀行時代のアジア通貨危機だろう。海図なき航海の時代、本書には羅針盤となるような指摘が随所に鏤（ちりば）められている。

『ショック・ドクトリン（上・下）―惨事便乗型資本主義の正体を暴く―』　ナオミ・クライン著
幾島　幸子／村上　由見子訳、岩波書店、2011 年

　3.11 の大災害に見舞われた東北そして日本にとって、本書に込められた警告は他人事ではない。社会を危機に陥れる壊滅的な出来事を利用して巨万の富を得る「惨事便乗型資本主義」の生々しい実態が、臨場感溢れる筆致で綴られているからだ。著者クラインは、上下 2 巻、700 ページを超える力作で、精力的取材活動や膨大な文献考証によりながら、1970 年代のチリの軍事クーデターから 9.11 のアメリカ社会やイラク戦争など、広範な現代史の出来事を分析の俎上に乗せている。そこで暴かれるのは、自由と民主主義という美名のもとに推進された急進的自由市場改革・規制緩和が、大企業や多国籍企業、マネーゲームに踊る投資家の利害と密接に結び付いたものであり、貧富の格差拡大やテロ攻撃を含む社会的緊張を増大させたという「不都合な真実」だ。時に凄惨な暴力をも辞さない一連の社会実験の原点は、電気ショックや感覚遮断など過剰な「身体ショック」で人の脳を「白紙状態」に戻す「人体実験」にあるというから、おぞましい。本書の警告は、「巨大地震」、「大津波」、「原発事故」という未曽有のトリプルショックで「白紙状態」を強いられている被災地にとっても、決して例外ではないはずだ。危機の時代を見抜く好著であり、一読を勧めたい。

『貧困のない世界を創る』　ムハマド・ユヌス著
　猪熊弘子訳、早川書房、2008 年

　2000 年の国連ミレニアム宣言は、15 年後に貧困を半減させると宣言した。それにも関わらず、成果はさほど上がっていない。1 日わずか 1 ドル以下で暮らしている貧しい人々が、世界にはまだ 14 億人もいる。日本の人口の 10 倍以上と膨大だ。貧困

は弱者である子ども達を容赦なく襲い、1日3万人、5秒に1人の割合で幼子達の命を奪っている。サハラ以南のアフリカだけではない。貧困人口の半数近くを占める南アジア地域でも問題は深刻だ。本書の著者ムハマド・ユヌス氏は、バンクラディシュでグラミン銀行（村の銀行）を創設し、貧しい女性グループを対象としたマイクロクレジット（無担保少額融資）により貧国の軽減に大きな成果を上げた。同様の取り組みは多くの途上国にも広がり、同氏及び同銀行はその功績により2006年ノーベル平和賞を受賞した。本書はグラミン銀行だけの紹介本ではない。新たなソーシャルビジネスへの挑戦を呼びかけ、貧困の撲滅を世界に訴えている。損失も配当もない、人類の重大な関心事に立ち向かうビジネスへの挑戦だ。強烈な著者の信念と着実な実行力に、共感を覚える読者も多いのではないか。最近は日本でも、ユニクロとのビジネス提携が話題を呼んだ。

『現代農業考─「農」受容と社会の輪郭─』　工藤　昭彦著
創森社、2016年

　社会と折り合う自動制御装置を欠落したグローバル市場経済の暴走は、格差社会の拡大、地方の疲弊など人々の暮らしの拠点を破壊する。このままでは共倒れになるという危機感を抱いた人々や地域から、生身の人間が耐え難いほど激烈を極める副作用を中和する「もう一つ別の世界」をつくるうねりが起こり始めた。スローフード運動に代表される地産地消など、その先陣を切る試みは世界各国・各地域の農業・農村で芽生え、志を共有する多くの人々を巻き込みながら世界に拡がっている。資本主義の表舞台から疎外され続けてきた農業・農村には、「持続性」や「多様性」を内包した暮らしの原点や原風景を思い起こす手掛かりが、世代を超えて受け継がれてきたからだ。本書は、戦後70年間の食料、農業、農村の変貌を多くの図表を用いて説明している。農業構造改革、食料自給率の向上を掲げた農業政策が破綻した理由についての分析も分かりやすい。アフリカの食料自給に貢献する内発的取り組みを促す農業支援の在り方など、今日的課題にも言及している。最後に、持続性を確保する農業・農村改革の方向やそれを受容する社会の輪郭について、問題提起を込めて素描している。

おわりに　極私的教養教育論

野家　啓一

　本書『教養と学問』は、東北大学の教養教育院で実際の教育に携わっている教員を中心に企画されたシリーズ「東北大学教養教育院叢書〈大学と教養〉」の首巻にあたる。「教養教育院」とは、本書第一部第三章（52頁）で紹介されているとおり、総長特命教授（本学名誉教授の中から指名）と特任教員（教養教育担当）からなる組織であり、「本学の学生に対し幅広い教養を身に付けさせるため（中略）教養教育の実施及び支援を行い、もって創造力豊かで高い問題解決能力を有する指導的人材の育成に資する」ことを目的に 2008 年に設置された。

　教養教育院では、所属教員がそれぞれの授業科目を担当するほかに、毎年 4 月に新入生向けの「教養教育特別セミナー」を開催し、夏または秋の適切な時期に「総長特命教授合同講義」を実施している。本書を構成する各章は、これまで行われた特別セミナーや合同講義での講演をもとに、大幅な加筆をお願いしたものである。第一部では、教養教育院の設立と運営に尽力してこられた先生方に、本学における一連の教養教育改革の理念と成果について（第二章、第三章）執筆していただくとともに、巻頭の第一章ではギリシア時代から近現代にいたるリベラル・アーツ教育の歴史、ならびに明治以降のわが国の教養教育の歩みについて問題点を含めて振り返っていただいた。

　第二部では、教養教育院でこれまで全学教育科目の授業を担当されてきた先生方に、やはり特別セミナーと合同講義での講演をもとに、それぞれの専門分野（英語教育、政治学、物理学、農業経済学）と教養教育との関わりを読書案内も含めて自由に語っていただいた。第一部と第二部を通じて、本学における教養教育（全学教育）が紆余曲折を経ながら

何を目指してきたのか、そして現在どのような教育が行われているのか
について、理解していただくための十分な内容を備えていると信じる。
したがって、「おわりに」とはいえ、ここで改めて教養教育の意義や歴
史やについて論じることは、屋上屋を架す愚を演じることになりかねな
い。それゆえここでは、私自身の個人的回想をも交えながら、自由な形
で「教養」をめぐる感想を述べることで責めを塞ぐことをお許しいただ
きたい。

記憶の中の教養部

　私が東北大学教養部に入学したのは1967年4月、理学部物理学科を
卒業したのは1971年3月のことである。当時はまだ「教養部」という
独立組織が健在であり、大学入試もまた教養部が中心となって実施され
ていた。教養部の学生は、2年間で人文科学・社会科学・自然科学の各
12単位計36単位を柱に、外国語や体育などを含めて規定の単位を修得
しないと教養部を「脱出」し、上の学部に進学できない仕組みになって
いた（私の友人などは教養部に「裏表」4年間在籍しても最低限の単位
を満たせなかったため、あえなく退学になった）。つまり、教養部はヨー
ロッパ中世の大学における上級学部（神学部、法学部、医学部の三学部、
これらの学部は職業や資格に直結していた）に対する下級学部（学芸学
部、哲学部）のような位置を占めていたのである（第一章9頁参照）。

　もちろん教養部制度ができたのは、戦後の占領軍による大学改革の一
環であった「新制大学化」によるものであり、初期の教養部担当の先生
方は、旧制高等学校や師範学校から移動してきた教員が多かった。その
ため教養部と学部とのあいだには目に見えない「格差」があり、それが
いつのまにか「二種類の教員」という意識を生み出すことになって、や
がてカリキュラムの大綱化による教養部解体への遠因ともなっていくの
である。

　ただし、私が単位をいただいた教養部の先生方には人文社会系を中心
に優れた学者が多く、私は理系の学生であったが、そうした先生方の授

業には欠かさず出席した。小山貞夫（法学）、本多修郎（哲学）、森博（社会学）、大内秀明（経済学）、佐藤昌介（日本史）といった先生方である。たとえば小山先生からは理系クラスの授業の中で、大学生になったのだからマックス・ウェーバーの『職業としての学問』くらいは読んでおくようにと強く勧められたし、本多先生は私が後に物理学から科学哲学に転向しようとしたときに、懇切に相談に乗っていただき、貴重な原書も貸していただいた。その意味で私にとっては、教養部の二年間は、まさに「教養」というインフラを整えていただいた重要な時期であった。

　私が入学したころ、教養部はすでに富沢から川内の地に引っ越していたが、川内キャンパスは占領軍のキャンプ跡地を転用・改修したものであり、教室、研究室、図書館、食堂など、先生方の研究室も含めてすべての施設は、白と緑のペンキで塗られた米軍から払い下げられた建物であった。教育原理や日本国憲法など大人数の教職科目に使われた大講義室は「チャペル」と呼ばれていたが、まさしく米軍家族のための教会を転用したものであり、屋根には十字架が立っていた。キャンパス中央にあった図書館は平屋建ての宿舎を改修したものであり、閉架式のため図書の出納はすべて金網越しに行われており、何とも侘しい気がしたものである。また三十番台教室と呼ばれていた北側の大教室は厩舎を改造したものらしく、教室の中には軍馬をつないでいたと噂される太い柱が立っており、その陰に座ると黒板が見えなくなって困ったことが思い出される。

　また当時は七〇年安保を控えた大学闘争の真っ最中で学内は騒然としており、キャンパスには独特の文字で書かれた新左翼セクトの立て看板（タテカン）が乱立し、昼休みともなれば学生活動家のアジ演説が大きなボリュームで流され、いやでも耳に入ってきた。クラス討論や学生集会、デモ行進や「団交」なるものが日常茶飯事のように行われていた時代である。それゆえ、現在のようなタテカンもアジ演説もない衛生無害なキャンパスに身を置くと、それはそれで快適なのだが、何だか大学にいるような気がしないのである。

193

そんなわけで、地下鉄東西線が開通した現在の美しく便利な川内キャンパスを一望すると、私の学生時代とは雲泥の差、まさに隔世の思いを禁じ得ない。何しろ生協のカレーライスが60円、岩波文庫の星一つ（といっても若い方にはわからないだろうが）が50円の頃で、文庫一冊を買うために昼飯を抜くことが当然と考えられていたような時代のことである。

　そうした貧乏を地で行くようなキャンパス生活であったが、今から振り返ると「時間」と「自由」だけはふんだんにあったというのが、わが教養部時代の率直な感想である。私は学友会のワンダーフォーゲル部に所属しており、週末はたいてい二口渓谷での登山の訓練や東北地方の山々の踏破に明け暮れていたが、そこではサバイバル技術や人間関係をはじめ、教室では学べないさまざまなことを学ばせてもらった。もちろん週末の講義（当時は土曜日にも授業があった）は適当にサボらせてもらったが、その頃は大教室での授業で出席をとる先生はほとんどいなかった。それは先生方の方でも同様で、今では考えられないが、アルバイトをしている予備校の開講式と重なったため、大学の授業の方を休講にした先生さえおられたほどである。

　そんなことを思い返していると、私が総長特命教授となってからの数年の経験にすぎないが、昔に比べて学習環境は驚くほど洗練され整備されたけれども、どうも学生に余裕、すなわち「時間」と「自由」がなくなっているような気がしてならない。裏から言えば、教員が学生に手取り足取り細かいことまで教えすぎ、学生が自由に問題を発見し、自主的に学ぶ時間を奪っているのではないか、ということである。たしかに、私の学生時代にもSLAのような制度があったならば、単位を落とさなくて済んだのに、と思うことはある。その点では優れた制度であることは言うまでもない。だが他方では、理解できない箇所や問題をすぐに先輩に尋ねるのではなく、一晩煩悶しながら問題と格闘してみる経験もまた必要ではないか、とも老婆心から思うのである。

　アリストテレスは『形而上学』の冒頭で「すべての人間は、生まれつ

おわりに　極私的教養教育論

き、知ることを欲する」と喝破し、その少しあとで「ここに、快楽を目
指してのでもないがしかし生活の必要のためでもないところの認識（す
なわち諸学）が見いだされた、しかも最も早くそうした暇な生活をし始
めた人々の地方において最初に。だから、エジプトあたりに最初に数学
的諸技術がおこったのである。というのは、そこではその祭司階級のあ
いだに暇な生活をする余裕が恵まれていたからである」（981b21-25）と
述べている。ここで「暇な生活」と言われているのは「閑暇（scholē）」
のことであり、これがスコラ哲学や学校（school）の語源になっている
ことはよく知られている。要するに、学問が発展するためには、時間的
余裕と経済的余裕に裏打ちされた自由な時空間が必要だということであ
ろう。そして、二十歳前後の若者が過ごす教養課程の二年間こそは、閑
暇と対立する市場原理からは相対的に独立した時空間、すなわち一種の
「アジール」であってほしいと思うのである。

　それからすると、大学を含めて最近の「学校」は教員も学生も少々忙
しすぎ、「閑暇」がなくなっているのではないか、というのが私の率直
な印象にほかならない。もちろん、大学ランキングや外部評価の圧力に
羽交い絞めにされ、余裕や閑暇などという寝言は言っていられないとい
う実情もわかっているつもりである。だが、自分の学生時代を振り返っ
て、夜中に一升瓶をもって友人の下宿に押し掛けては朝まで議論を続け
たり、映画館（当時は一番町界隈だけでも数軒の映画館があった）やジャ
ズ喫茶や古本屋（片平キャンパス近くに数件あった古書店も今や一軒だ
けとなった）に入り浸っていた無駄とも見える時間が、現在の自分の「教
養」の基盤を形作っているということだけは言える。教養とは知識では
ない。むしろ知識が芽吹き、多様な可能性が開花するための土壌である。
そして豊かな土壌が一朝一夕に形成されるものではないことは言うまで
もない。私にとって、教養課程の二年間とは、そうした土壌を熟成させ
る時間だったのである。

195

全学教育改革のなかで

　ここで教養部改革前後のことについて一言だけ触れておきたい。今となっては当時の状況を知る人も少なくなってきているからである。私が南山大学から東北大学の文学部に助教授として赴任してきたのは、1981年4月、卒業からちょうど10年目のことである。その頃から教養部のあり方や将来構想については話題には上っていたものの、私を含め学部の教員には、真剣に取り組むべき課題とは思われていなかった。

　それが1991年の大学設置基準の大綱化に伴い、全国の国立大学は東京大学を除いて雪崩を打つように教養部解体の方向へ舵を切り、東北大学もその例に洩れず、1995年に教養部は正式に廃止された。同時に、これまで教養部に所属していた教員は、専門分野に応じて各学部に「分属」するとともに、多くは情報科学研究科と国際文化研究科の二つの独立大学院および言語文化部に配置換えとなったのである。ただ、教養教育（全学教育）を担当する主幹部局が消滅したため、それに代わる組織として「大学教育センター」が立ち上げられたが、十分に機能しているとは言い難い状況であった。

　そんな中で教養教育を全学的な体制のもと抜本的に再編成するという目標を掲げ、阿部博之総長（当時）のもとに「全学教育改革検討委員会」が設置され、私も文学部評議員として委員に加わったのが一九九九年のことである。委員長には総務担当副総長であった経済学部の馬渡尚憲先生が就かれたので、この委員会は「馬渡委員会」と呼ばれていた。審議の経過は第二章に詳しいので省略するが、報告書は二〇〇〇年四月に総長に提出され、評議会で承認された。そこでは少人数ゼミを核とした転換教育、全学枠（流用定員の転用）による教員増を含む外国語教育の再編成、新たな自然科学総合実験の導入など、現在の全学教育の柱となるカリキュラムが整備されたことだけを付け加えておきたい。

　特筆すべきは、そのなかに今日の「教養教育院」の設置につながるような動きが芽吹いていたことである。それは、定年を一年後に控えた各学部の先生方に、新入生を対象に半期の特別講義を行ってもらう科目を

おわりに　極私的教養教育論

新たに設けたことにほかならない。要するに「最終講義」の前倒しである。この制度は、私自身が提案者の一人であったが、それには理由があった。私が理学部の一年生だったとき、ドイツの物理学者ハイゼンベルクが東北大学に講演に見えられたことがある。もちろん、量子力学の基礎を築いてノーベル賞を受賞した超有名人であったから、会場の記念講堂（今の川内萩ホール）は満席、立ち見も立錐の余地がないほどであった。私はもちろん立ち見で、満員電車のような雰囲気の中で講演を聞いたが、最初の講師紹介の中で、ハイゼンベルクはすでに研究の第一線からは退いているが、現在でも大学で新入生を相手に週一度教壇に立っているということが耳に入った。そのとき、大学の一年生がハイゼンベルクのような大物理学者の講義を聴けるなんてなんと素晴らしい制度だろうと学生なればこそ思ったのである。

　もう一つは、文化人類学の石田英一郎先生が東京大学を退官後に東北大学文学部附属の日本文化研究施設に移って来られ、教養部でも授業を担当されていたことである。私は高校時代から石田先生のファンで、『東西抄』（この書評とインタビューが『河北新報』に掲載されたことを覚えている）などの著作も読んでいたことから、東北大学で先生の講義を拝聴できることを心から楽しみにしていた。ところが、学生便覧の授業一覧を見てみると、石田先生は定年一年前だったこともあり、教養部での授業は開講されていなかったのである。がっかりしたことは言うまでもない。

　そんな体験があったので、全学教育改革検討委員会の委員になったときに、当時はまだ国立大学法人化以前の時期で、非常勤講師も年齢は六三歳までと決められていたことから、定年一年前の教授に新入生のための特別講義を担当してもらえないか、という提案をしたのである。さいわい賛同者もあり、馬渡委員長も乗り気であったので、さっそく実現の運びとなった。ただ、義務ではなく希望者のみという制度であったので、次第に先細りになったことは残念であった。

　それでも、このようなアイディアがやがて法人化以後に井上明久総長

197

（当時）のもとで名誉教授を中心にした「教養教育院」の設立につながっていったことは事実である。私はその審議に理事・図書館長として加わったが、最大の貢献は名称を「総長特務教授」とするという提案に反対し（「特務機関」という負の連想につながるという理由で）、「総長特命教授」という現在の形に改めたことだと思っている。そんなわけで、私は定年を迎える際に総長特命教授にみずから志願（？）したが、それはこの「教養教育院」という制度が、ハイゼンベルクと石田英一郎という二人の大学者への個人的敬意につながっているからにほかならない。

阿部次郎と「教養」の志

先に最近の学生には「閑暇」や「余裕」がなくなっているのではないかと述べたが、そんなことを考えたのは、全学教育科目「思想と倫理の世界」の授業の折に、新入生からの質問にいささかショックを受けた経験があったからである。この授業（「現代哲学への招待」）は受講者が多く大教室だったもので、質疑応答形式はとうてい無理と考え、質問はミニットペーパーに書いて提出させることにし、次の時間の冒頭に答えるという方式をとっていた。ニーチェの永遠回帰の思想を説明し、その際に阿部次郎の『ツァラトゥストラ』解釈に触れた折のことである。ある学生のミニットペーパーに「この講義では数多くの人名、著作名が出てきています。主要なものはともかくとして、細かい名前（阿部次郎など）を逐一提示することに意味はあるのでしょうか」と思わず目を疑うようなことが書いてあった。この学生はどうも授業の中に出てきた人名や書名はすべて試験のために暗記せねばならないと考えていたようなのである。それと、授業が始まって間もない4月、5月の段階で、期末試験の日程や試験の内容について質問してくる学生が最近は著しく増えてきた。私には何とも学生たちが単位を揃えることに汲々として、キャンパス生活を楽しむ余裕がなくなってきているように思われたのである。

阿部次郎の名前を知らなかったことはやむを得ないとしても、そうしたマイナーな人名は覚えることが増えるので出さないでくれという要求

おわりに　極私的教養教育論

には、私も心底驚いてしまった。そこで次の時間は、阿部次郎が何者で、どのような業績を残した人物かの説明に大半の時間を費やすことになった。東北大学に入学して阿部次郎の名前を知らないのはモグリに等しいこと、東北大学の理工系の礎を据えたのが本多光太郎だとすれば、人文系の礎を据えたのが阿部次郎であること。阿部次郎は夏目漱石の弟子で、彼が書いた『三太郎の日記』は大正時代の青年の必読書としてベストセラーとなり、大正教養主義の代表的思想家と目されていたこと、川内キャンパスにある「三太郎の小径」はその書名に由来すること、等々である。

　そんなわけで、阿部次郎の業績を解説するために、久しぶりに『三太郎の日記』を読み返してみたのだが、以前読んだ時とはだいぶ異なる印象を受けたのは、われながら新鮮な読書体験であった。以前は旧制高校的なエリート臭が鼻について途中で投げ出したくなったのだが、今回は時代の趨勢に逆らって、大衆のナショナリズム的心情と切り結ぼうとする姿勢が明瞭に見て取れ、ある種の感銘を受けたのである。

　阿部次郎の名は「大正教養主義」の思想や「教養」の概念と分かちがたく結びついており、わが国最大の国語辞典である『日本国語大辞典第二版』（小学館、2001）でも「学問、知識などによって養われた品位」を意味する「教養」の代表的用例として『三太郎の日記』の次のような一節が掲げられている。すなわち「我らは我らの教養を釈迦に〈略〉キリストに、ダンテに、ゲーテに、ルソーに、カントに求むることについて何の躊躇を感ずる義務をも持っていない」という文章である。これだけを読めば、たしかに阿部次郎はゲーテやカントを崇める西洋かぶれの教養人という謗りを免れないことだろう。だが、阿部の真意は〈略〉とある省略された部分にこそ存する。この一文は次のような文脈の中に置かれているのである。

　　この意味において我らは我らの教養を釈迦に──自分はここに自明のことを繰り返しておく必要を感ずる。釈迦は日本人ではない。釈迦は蒙古人種でもまたない──キリストに、ダンテに、ゲーテに、ルソー

199

に、カントに求むることについて何の躊躇を感ずる義務をも持っていない。ただそこに同様の深さが実現されているとき、他の民族につくよりも同じ民族の祖先につくことが自然なだけである。もとより自己の祖先の中に、自然なる教養の模範を持っている民族は幸福である。（中略）しかしこれらすべてのことは、彼らが我らの教養をただその祖先の中にのみ求めなければならぬという一般的原理を承認する所以ではないのである。もしホッテントットの紳士がその人間的教養の材料を求めるために余の意見を徴するならば、余は彼の祖先の遺業を措いて、まず釈迦やキリストの教えに彼を導くであろう。（阿部次郎『合本三太郎の日記』角川書店、1968年、353頁、以下本書からの引用は頁数のみを示す）

　明らかに阿部は、仏教を日本古来の宗教のように錯覚している日本人の大衆ナショナリズムを念頭に置きながら、「釈迦は日本人ではない。釈迦は蒙古人種でもまたない」と断言しているのである。最後のホッテントットの紳士に関する指摘も、これを日本紳士に置き換えてみれば分かりやすいであろう。つまり、阿部の「教養」概念は普遍主義、一種のコスモポリタニズムと結びついているのである。
　それゆえ阿部次郎は同書の別の箇所で「しかし自己を発見する努力が民族的自覚をもって終結し、自己を教養する努力が民族的教養によって完成すると思惟するは大なる誤謬である」（350-1）と確言してはばからない。そして日清・日露両戦争の勝利に沸き立つ世論を背景に勃興した「浅薄なる民族主義」（353）に釘を刺すことを忘れていない。それゆえ阿部にとって、「教養」の概念はもとより民族や国家の境界によって画されるものではなく、人間的普遍につながるものであることは、もとより自明であった。それは次のような一節を見れば明らかである。

　そうして自己の・教養として見るも、民族的教養は我らにとって唯一の教養ではない。およそ我らにとって教養を求める努力の根本的衝動

となるものは普遍的内容を獲得せんとする憧憬である。個体的存在の局限を脱して全体の生命に参加せんとする欲求である。（中略）我らの目標とする教養の理想がひっきょう神的宇宙的生命と同化するところにあることは、自己の中に教養に対する内面的衝動を感じたことのあるほどの者の何人も疑うことを得ざるところである。従って我らが教養を求むるは『日本人』という特殊の資格においてするのではなくて、『人』という普遍的の資格においてするのである。日本人としての教養は『人』としての教養の一片に過ぎない。（352）

　大正教養主義の出発点となる「教養」概念が、このような「人」の地平を目指す普遍主義志向をもっていたことを、われわれは忘れるべきではないであろう。それは「民族的特殊」ではなく「人間的普遍」を目指すものとして当時のヒューマニズム思想とも軌を一にしていた。阿部次郎に代表される大正教養主義が吉野作造の大正デモクラシーや大正リベラリズムの運動と不即不離の関係にあったゆえんである。われわれとしては、いまや半死半生語となりつつある「教養」概念が、その初発の志において、このような普遍主義および自由主義の理念と緊密に結びついていたことに改めて注目しておかねばならない。

　新入生が阿部次郎の名前を知らず、『三太郎の日記』を読んだことがないのはやむをえないとしても、川内キャンパス内に「三太郎の小径」がある以上、その名前の由来を説明するプレートぐらいは掲げてもよいのではないだろうか。実際、「中善並木」については立派なプレートが掲げられているのである。あるいは、四月の各学部のオリエンテーションの際に、新入生と共に「三太郎の小径」の散策を試みるというのも一案であろう（所要時間は 15 分ほどであり、おまけに途中には斎藤茂吉と木俣修の歌碑がある）。いずれにせよ、こうした目の前にある歴史資源を教養教育に活用しないのは、それこそ「モッタイナイ」のである。

「ポスト真実」時代の教養

　「教養」について考えながら、わざわざ古色蒼然とした『三太郎の日記』を持ち出したのはほかでもない。アメリカを中心にして、このところ世界的に民族主義や排外主義の動きが強まっているからである。

　オックスフォード英語辞典（OED）で知られるオックスフォード大学出版局は、一昨年（2016）の"Word of the year"に「ポスト真実（post-truth）」という言葉を選んだという。日本ならさしずめ「流行語大賞」といったところだろうか。その意味するところは「世論を形成する際に、客観的な事実よりも、むしろ感情や個人的信条へのアピールの方がより影響力があるような状況」を指すものらしい。むろん、その背景にアメリカにおけるトランプ大統領の誕生や彼が繰り返す「フェイクニュース」という決まり文句があることは言うまでもない。そもそも一国の大統領が「オルタナティブ・ファクト（もう一つの事実）」なるものを口にすること自体、これまではおよそ考えられなかったことである。そのせいかアメリカでは、独裁国家の「二重思考」を描き出したG. オーウェルの『1984年』やファシズムの成立過程を分析したH. アーレントの『全体主義の起源』が時ならぬベストセラーになっているという。

　こうした「ポスト真実」の趨勢に抵抗する拠点こそ「教養」にほかならない。「ポスト真実」の時代とは、まともな議論が成り立つ基盤が失われたこと、すなわち物事を公開の議論を通じて（万機公論）公正に決定する「公共圏」の崩壊を意味する。現今の事態は、かつてホルクハイマー／アドルノが「啓蒙の弁証法」と呼んだ状況を彷彿とさせる。彼らが掲げたのは「なぜに人類は、真に人間的な状態に踏み入っていく代りに、一種の野蛮状態へ落ち込んでいくのか」（『啓蒙の弁証法』徳永恂訳、岩波文庫、2007年、7頁）という問いであった。啓蒙の野蛮への転化は、ついには「真理への関りをも失うに至る」（同前、11頁）のである。あたかも「ポスト真実」の時代を予見したかのような口吻である。このような窮境にあって、彼らが唯一希望を見出したのは、以下のような逆説的事態であった。

202

おわりに　極私的教養教育論

　　たとえ啓蒙に抵抗する勢力がどんな神話を持ち出してきたとして
　　も、その神話は、すでにその対立にあたって論拠（Argumente）とし
　　て使われているということによって、実は自分が啓蒙に対して非難し
　　ている当の破壊的合理性の原理への、信仰を告白していることになる。
　　啓蒙はすべてを呑みこむ。（同前、28頁）

　少々わかりにくい行文だが、要するに啓蒙を批判する野蛮の側も、そ
の批判が有効に機能するためには、まともな「論拠」を提出せねばなら
ない、ということである。もしそれをも拒否するならば、あとには剥き
出しの暴力が残るほかはない。この最小限の合理性を「知性のシビル・
ミニマム」と呼ぶことができる。言い換えれば、未成年状態から抜け出
した市民が理性を公的に使用する能力のことである。むろん、これはカ
ントの「啓蒙とは何か」の文言を踏まえている。ただし「公的」と「私
的」の対比は、今日のわれわれ日本人の用法とは逆転している。カント
の定義は以下のとおりである。

　　さて理性の公的な使用とはどのようなものだろうか。それはある人
　　が学者として、読者であるすべての公衆の前で、みずからの理性を行
　　使することである。そして理性の私的な利用とは、ある人が市民とし
　　ての地位または官職についている者として、理性を行使することであ
　　る。（『永遠平和のために／啓蒙とは何か』中山元訳、光文社古典新訳
　　文庫、2006年、15頁、傍点原文）

　ここで「学者」と「読者」とは、言論の自由を有する市民と情報に自
由にアクセスできる市民の対比と考えればよい（それをカントは「世界
市民」とも呼んでいる）。逆に彼によれば、公務員や会社員として地位
や役割に縛られた理性の使用はすべて「私的」と見なされるのである。
先に述べた「ポスト真実」に抗する「知性のシビル・ミニマム」とは、
それゆえ世界市民として理性を公的に使用する個人の能力のことにほか

ならない。阿部次郎の普遍主義的教養概念もまた、これと異なるものではないであろう。それでは、知性のシビル・ミニマムに立脚した新たな「教養」概念に、われわれはどのような内実を与えるべきであろうか。ここではそれに示唆を与えるものとして、阿部謹也と林語堂による教養の定義を挙げておこう。

　　教養とは自分が社会の中でどのような位置にあり、社会のために何ができるかを知っている状態、あるいはそれを知ろうと努力している状態である。（阿部謹也『学問と「世間」』岩波新書、124 頁）

　　教育または教養の目的は、知識のうちに見識を養い、行為のうちに良徳を培うにある。教養のある人とか、また理想的に教育された人とは、かならずしも多読の人、博学の人の謂いではなく、事物を正しく愛好し、正しく嫌悪する人のことである。（林語堂『生活の発見』世界教養全集第 4 巻所収、平凡社、1963 年、358–359 頁）

　阿部のいう「自分が社会の中でどのような位置にあるか」を知るということは、歴史と社会の中で自分がどこにいるのか、現在位置を確認するための地図を描ける能力、と言い換えてもよい。これを「方向感覚」と呼ぶことにしよう。自分の現在の居場所を中心にして地図を描くことができてはじめて、われわれはこれから進むべき方向を見出すことができるからである。

　他方で林は、教養とは多読や博学に尽きるものではないという。その上で彼は教養の核心を「事物を正しく愛好し、正しく嫌悪する」能力に求めている。これは是非善悪、理非曲直をわきまえた人、つまりは倫理感覚に裏打ちされた判断力を備えた人ということであろう。これを「方向感覚」に対比して、社会的な「平衡感覚」と呼んでおきたい。

　というのも、現在位置を確認するための地図は、どうしても自分を中心に描かれているはずだからである。そこには他者が欠けている。それ

を補完し、平衡感覚を涵養するためには、自己中心的な見方や考え方を相対化し、自民族中心主義（エスノセントリズム）のイデオロギーを否定する精神態度（エートス）が必要とされる。つまり平衡感覚とは、自分とは異なる他者を理解し、他者に共感（sympathy）する能力のことである（アダム・スミスはそれを『道徳感情論』の基礎に置いた）。それは必然的に「人と人のあいだ」に成立する規範、すなわち倫理感覚と表裏一体のものでなければならない。

　それゆえ、「ポスト真実」時代に不可欠の教養の基軸をなすのは「方向感覚」と「平衡感覚」であり、教養教育が目指すべきはそれらを共に備えた人材の育成であろう。今から230年以上も前に、カントはそれを「自分の理性を使う勇気をもて」（前掲書、10頁）と端的に要約して述べたのである。

執筆者略歴

花輪　公雄（はなわ　きみお）

　1952 年山形県生まれ。1981 年 3 月、東北大学大学院理学研究科、地球物理学専攻、博士課程 3 年の課程単位取得退学。理学博士（1987 年、東北大学）。専門は海洋物理学、特に大規模大気海洋相互作用論。1981 年東北大学理学部助手、その後講師、助教授を経て 1994 年教授、1995 年、大学院重点化により大学院理学研究科教授に配置換え。2008 年 4 月から 2011 年 3 月まで理学研究科長・理学部長、2012 年 4 月より理事（教育・学生支援・教育国際交流担当）に就任し現在に至る。学外では、日本学術会議連携会員、気象庁気候問題懇談会会長、文部科学省科学技術・学術審議会海洋開発分科会委員、気象庁・海洋研究開発機構アルゴ計画推進委員会委員長などに就任。最近の主な著作に、『若き研究者の皆さんへ　青葉の杜からのメッセージ』（単著、東北大学出版会、2015 年）、『続　若き研究者の皆さんへ　青葉の杜からのメッセージ』（単著、東北大学出版会、2016 年）、『海洋の物理学』（単著、共立出版、2017 年）そのほか。

森田　康夫（もりた　やすお）

　1945 年和歌山県生まれ。1968 年東京大学理学部卒業。1970 年東京大学大学院理学系研究科修士課程修了。専門は数学および数学教育。保型関数、p-進解析、数論的代数幾何などの整数論の研究を経て、1995 年頃より数学教育（入学試験や少子化の教育への影響など）を研究している。東北大学大学院理学研究科教授、東北大学教養教育院総長特命教授を経て、現在は、東北大学名誉教授、公益財団法人数学オリンピック財団常務理事。

　主な著作は、『代数概論』（単著、裳華房、1987）、『整数論』（単著、東京大学出版会、1999）、『数論への出発（増補版）』（共著、日本評論社、2004）、『数学辞典　第四版』（共著、岩波書店、2007 年）、『検証共通 1 次・センター試験』（共著、大学教育出版、2008 年）。

木島　明博（きじま　あきひろ）

　1953 年東京生まれ。1976 年東北大学農学部卒業、1981 年東北大学大学院農学研究科博士後期課程修了（農学博士）。専門は海洋生物学、水族遺伝育種学。1982 年日本学術振興会奨励研究員、1983 年高知大学農学部助手、1987 年東北大学農学部助教授、1996 年同教授、2003 年同大学院教授となる。2006 年に東北大学総長室副室長となり 2008 年から 2010 年東北大学副学長（教養教育改革担当）、2008 年から 2014 年高等

教育開発推進センター長、学生相談所長、キャリア支援センター長ロシア交流推進室長などを歴任。2012 年から現在まで文部科学省補助事業「東北マリンサイエンス拠点形成事業(海洋生態系の調査研究)」の代表研究者、2016 年からは東北大学リサーチ・プロフェッサーとなる。主な著作に、『『水産海洋ハンドブック』5.8. 遺伝と育種.』(木島明博・吉崎悟朗、㈱生物研究社、2004 (2016 改訂)、『第 3 章東北大学の復興支援活動と大学教育の将来「東日本大震災と大学教育の使命」』(木島明博、東北大学出版会、2012)、『東北マリンサイエンス拠点形成事業 (海洋生態系の調査)の復興への取り組み.』(木島明博・木暮一啓・北里洋、学術の動向. 2015)、『Reconstruction and Restoration after the Great East Japan Earthquake and Tsunami -Tohoku Ecosystem-Associated Marine Sciences Project Activities-』(Kijima, A., Kogure, K., Kitazato, H., Fujikura K., Springer, ISSN 1878-9897、2017)。

浅川　照夫（あさかわ　てるお）

　1950 年栃木県生まれ。1976 年東京教育大学大学院文学研究科修士課程修了。専門は英語学、英語教育。北見工業大学一般教育等人文系、金沢大学文学部、東北大学大学院情報科学研究科、国際文化研究科、高度教養教育・学生支援機構を経て、現在名古屋外国語大学外国語学部教授。

　主な著作に『助動詞』(共著、大修館書店、1986)、論文に「名詞表現の派生的性質について」(月刊『言語』13 巻 3 号、1984)、"Habituals, Frequency Relatives and Sum Situations"(Interdisciplinary Information Sciences 6-2, 1997)、「継続・反復の away」(『英語青年』149 巻 4 号、2003)、「前置詞 "out" 再考 (1) (2)」(『国際文化研究科論集』17・18 号、2009・2010) そのほか。

柳父　圀近（やぎゅう　くにちか）

　1946 年神奈川県生まれ。1976 年、一橋大学大学院社会学研究科博士課程修了。専門は西洋政治思想史、マックス・ウェーバー研究。東北大学法学研究科教授、東北大学教養教育院総長特命教授を経て現在、同大学名誉教授。単著『ウェーバーとトレルチ——支配と宗教に関する試論』(みすず書房、1983 年)、『エートスとクラトス——政治思想史における宗教の問題』(創文社、1993 年)、『政治と宗教——ウェーバー研究者の視座から』(創文社、2010 年)、『日本的プロテスタンティズムの政治思想——無教会における国家と宗教』(新教出版、2016 年)。編著『ナチ・ドイツの政治思想』(共編、創文社、2002 年)。共著『過去の清算』(岩波書店、1995 年)、"Max Weber und das moderne Japan"(Vandenhoeck, 1999)、"Erinnerungskulturen"(Fischer, 2003)、『現人神から象徴天皇制へ』(刀水書房、2017 年)、『大塚久雄から資本主義と

共同体を見る』（日本経済評論社、2018 年）。

海老澤　丕道（えびさわ　ひろみち）

　1944 年長野県生まれ　1971 年東京大学理学系研究科博士課程修了　専門は物性物理学　東北大学工学部助手、助教授、教授、大学院情報科学研究科教授、教養教育院総長特命教授を経て、現在工学研究科教育研究支援者。

　おもな著作に『高温超電導入門』（共著、オーム社、1989 年）『メゾスコピック系の物理』（共著、丸善出版、1996 年）『高温超電導の科学』（共著、裳華房、1999 年）『応用数学講義』（共著、培風館、2000 年）『電気情報系の応用数学』（共著、朝倉書店、2007 年）『先生、物理っておもしろいんですか？』（共著、丸善出版、2015 年）。

工藤　昭彦（くどう　あきひこ）

　1946 年秋田県生まれ。1974 年東北大学大学院農学研究科博士課程単位取得退学。専門は農業経済学。2010 年 3 月農学研究科定年退職後同年 4 月から 2017 年 3 月まで同大学教養教育院総長特命教授として新入学生を対象とした教養教育に従事。現在東北大学名誉教授。

　主な著作に、『現代日本農業の根本問題』（単著、批評社、1992 年）、『資本主義と農業—世界恐慌・ファシズム体制・農業問題』（単著、批評社、2009 年）、『現代農業考—「農」受容と社会の輪郭』（単著、創森社、2016 年）、『現代の資本主義を読む—「グローバリゼーション」への理論的射程』（編著、批評社、2004 年）、『解体する食料自給政策』（共著、日本経済評論社、1996 年）、『山村の開発と環境保全』（共著、南窓社、1997 年）、『転換する資本主義』（共著、お茶の水書房、2005 年）、『国際化時代の農業と農政』（戦後日本の食糧・農業・農村第 5 巻）（共著、農林統計協会、2017 年）。

野家　啓一（のえ　けいいち）

　1949 年宮城県生まれ。1971 年東北大学理学部卒業、1976 年東京大学理学系大学院科学史・科学基礎論博士課程中退。専門は哲学・科学基礎論。南山大学専任講師、プリンストン大学客員研究員、東北大学教授、理事・附属図書館長を経て、現在東北大学名誉教授、高度教養教育・学生支援機構教養教育院総長特命教授。

　主な著作に『物語の哲学』（単著、岩波現代文庫、2005 年）、『パラダイムとは何か』（単著、講談社学術文庫、2008 年）、『科学の解釈学』（単著、講談社学術文庫、2013 年）、『科学哲学への招待』（単著、ちくま学芸文庫、2015 年）、『歴史を哲学する』（単著、岩波現代文庫、2016 年）そのほか。

装幀：大串幸子

東北大学教養教育院叢書「大学と教養」

第 1 巻　教養と学問

Artes Liberales et Universitas
1 Liberal Arts and Academic Research

Ⓒ東北大学教養教育院　2018

2018 年 3 月 26 日　初版第 1 刷発行
編　者　東北大学教養教育院
発行者　久道　茂
発行所　東北大学出版会
　　　　〒980-8577　仙台市青葉区片平 2-1-1
　　　　TEL：022-214-2777　FAX：022-214-2778
　　　　http：//www.tups.jp　E-mail：info@tups.jp
印　刷　亜細亜印刷株式会社
　　　　〒380-0804　長野県長野市大字三輪荒屋 1154
　　　　TEL：026-243-4858

ISBN978-4-86163-303-4　C0000
定価はカバーに表示してあります。
乱丁、落丁はおとりかえします。

JCOPY　〈出版者著作権管理機構　委託出版物〉
本書の無断複写は著作権法上での例外を除き禁じられています。複写される場合は、そのつど
事前に、出版者著作権管理機構（電話 03-3513-6969、FAX 03-3513-6979、e-mail:info@jcopy.or.jp）
の許諾を得てください。